資産家のための
ファミリーガバナンス
ガイドブック

〜相続・事業承継・資産運用・ファミリーオフィス〜

[編著]

辻・本郷 税理士法人 ファミリーオフィス事業部

辻・本郷 ファミリーオフィス株式会社

岩崎総合法律事務所　代表弁護士　岩崎　隼人

【はしがき】

「ファミリーオフィス」は、ファミリーの富を世代を超えて維持、継続、発展させる仕組みです。

中世ヨーロッパがルーツで、19世紀にアメリカで普及し始め、今や欧米では1万社以上のファミリーオフィスが存在するといわれています。日本は、富裕層の大半はファミリー企業の経営者であり、近年、相続、事業承継といった資産承継への関心が急速に高まっていることから今後一気に拡大する可能性があります。

さて、辻・本郷 税理士法人及び辻・本郷 グループは、長年、資産承継のパイオニアとして数多くの案件に携わってきましたが、最近、お客様のマインドの変化を感じています。

一つは「税務」、いわゆる「富裕層課税の強化」に対するものです。例えば、相続税の増税、資産捕捉の強化、租税回避の抑止などの一連の措置に対しては、従来は、暦年課税贈与により財産を減らす、資産を組み替えるなどして財産評価額を小さくする、という足元のタックスプランニングが主流でしたが、最近は経営の持続性や一族の多様性も踏まえ、時間軸を長めに置き、ガバナンスを起点に税務へも対処するという動きが出始めています。「税負担は資産運用で賄えないか」というお客様もいらっしゃいます。

もう一つは「法務」。創業から数十年経過し、業容拡大や企業価値向上を遂げるなかで自社株式は増大かつ分散しファミリーの所有比率が下がる一方、ファミリー内では支配権や財産権に対する考え方が多様化しています。いわゆる利害対立リスクは潜在的に広がっています。また、上場会社であればコーポレートガバナンスという枠組みで外部株主からチェックも入ります。ファミリー企業においては、創業からの理念やビジョンに立ち

返り、環境変化に対応しながら、ファミリー内のリスクを抑え、富をつなぐ仕組みとして「ファミリーガバナンス」が注目されています。

この分野では、第一人者である弁護士の岩崎隼人先生に日頃から実務面で大変お世話になっており、本書でも筆を執っていただきました。感謝申し上げます。

辻・本郷 税理士法人及び辻・本郷 グループは、長年、会計税務や法務を単なる手続きではなく、コンサルティングとして位置付けてきました。ファミリーオフィスは、まさに手続きではなくコンサルティングです。これまでに培ったスキル、ノウハウ、マインドをフルに活かし「家族」「経営」「資産」をつなぐソリューションとサポートのご提供でお役に立ちたいと考えています。

もう一つ、「運用」。税は経済の一部であり、経済を映す鏡です。であるならば、税務コンサルティングから同じく経済の一部である金融、さらには資産運用へのアプローチがあってもいいのではないか、税理士法人グループが提供するファミリーオフィスのコンサルティングメニューに「運用」も含めるべきではないか、それがお客様の役に立つのではないか、とも考えています。

本書は、富裕層が自らファミリーオフィスを設立、運営されるケースや金融機関の担当者さらには税理士、会計士、弁護士などの方々がそれをサポートするケースを想定し、ファミリーオフィスの概要をご紹介する入門書です。

日本版ファミリーオフィスが形成、発展する一助になれば幸いです。

2024年11月

辻・本郷 税理士法人 ファミリーオフィス事業部

辻・本郷 ファミリーオフィス株式会社

ファミリーガバナンスとは、将来にわたるファミリーの繁栄やファミリービジネスの成長を目的として設計される、ファミリー内で遵守すべき統治の仕組みのことです。

ファミリービジネスは同族企業とも呼ばれますが、特に日本の同族企業は100年以上続く老舗企業が多く、その経営手法や承継方法について注目を集めています。三井創業家の「宗竺遺書」やキッコーマン創業家の「家憲」をはじめ、永く大きく発展してきた一部の創業家一族では、優れたファミリーガバナンスを構築してきたようです。

そんなファミリーガバナンスには、資産の管理運用などの「ファミリーを円満に保つ仕組み」としての意義のほか、もう一つとても重要なものに紛争・暴走などの「ファミリーリスク」の予防としての意義があります。

相続争い、遺留分問題、支配権争い、株式分散、後継者暴走や離婚といったファミリーのリスクは、ファミリーの資産や事業を毀損し、ときに甚大なダメージを及ぼします。例えば、支配権争いが生じれば経営権を奪われるかそうでないにしても多額のキャッシュアウトを余儀なくされる恐れがあります。離婚紛争が生じれば多額の財産分与が生じて自分自身だけでなく会社、従業員やこの会社に関係する他のファミリーの利益を大きく損なう恐れがあります。

岩崎総合法律事務所は、富裕層向け法務に注力する法律事務所であり、東証プライム上場企業の創業家や代々続く非上場企業の創業家など、様々なファミリーの課題解決やリスク予防に取り組んできました。ファミリーガバナンスはそうした取り組みの一つです。

ファミリーガバナンスの取り組みには法務だけでなく税務の検討も必要となります。ファミリーガバナンスの税務の分野はときに複雑なものとなりますが、この分野では長年にわたり資産承継のトップランナーとしてあ

り続ける辻・本郷 税理士法人及び辻・本郷 グループの皆様に日頃から大変お世話になっております。この場を借りて心より感謝申し上げます。

本書は、ファミリーガバナンスの取り組みについて、そのポイントや全体像を俯瞰できるよう、極力コンパクトな記載にとどめた入門書です。

本書の内容が、弁護士、税理士、公認会計士や、プライベートバンカーなどの金融機関に所属する担当者にとって少しでも役に立つことがあれば幸いです。

2024年11月

岩崎総合法律事務所

代表弁護士　岩崎　隼人

目次［資産家のためのファミリーガバナンスガイドブック］

はしがき　　　　　　　　　　　　　　　　　　　　　　　　2

第Ⅰ部
ファミリーガバナンスとファミリーオフィスについて

第1章　ファミリーガバナンス

第1節　ファミリーガバナンスとは　　　　　　　　　14

第2節　スリーサークルモデル　　　　　　　　　　　22

第3節　ファミリーメンバーの定義　　　　　　　　　48

第4節　ファミリーガバナンスの構築プロセス　　　　55

第5節　ファミリーガバナンスの構成要素　　　　　　61

第6節　ファミリーガバナンスの変更・終了　　　　　76

第2章　ファミリーオフィス

第1節　ファミリーオフィスとは　　　　　　　　　　82

第2節　資産管理会社との違い　　　　　　　　　　　85

第3節　ファミリーオフィスでの資産の集中管理と運用　88

第4節　ファミリーオフィスの組成　　　　　　　　　91

第5節　ファミリーオフィスの運営　　　　　　　　　93

第6節　ファミリーオフィスにおける
　　　　タックス・プランニングの重要性　　　　　　94

第Ⅱ部
ファミリーガバナンスの個別問題（Q&A）

第1章　税務編

第1節　納税資金対策

Q1　不動産オーナーに必要な戦略　　　　　　　　　　100

Q2　非上場会社オーナーがとるべき金庫株による納税資金対策　　103

Q3　非上場会社オーナーが検討すべき事業承継税制　　107

Q4　最近注目の新発想の納税資金対策　　　　　　　112

第2節　資産承継対策

Q5　民事信託の活用例　　　　　　　　　　　　　116

Q6　民事信託の課税関係　　　　　　　　　　　　120

Q7　配偶者居住権の活用例と相続対策　　　　　　123

Q8　有価証券1億円以上の所有者がとるべき対策　　127

Q9　活用すべき2つの贈与制度とその有利な組み合わせ方　　131

Q10　非上場会社株式の移譲において使うべき株価　　136

Q11　ホールディングス化のメリット　　　　　　142

第3節　フィランソロピー

Q12　個人で寄付する場合の税制優遇　　　　　　149

Q13　法人で寄付する場合の税制優遇　　　　　　153

Q14　遺贈に係る税制優遇　　　　　　　　　　　158

Q15　財団設立の課税関係と流れ　　　　　　　　162

第4節　資産運用
　Q 16　不動産投資のメリット・デメリット　　　　　　　　　　167
　Q 17　海外不動産投資の特徴と留意点　　　　　　　　　　　171
　Q 18　金融資産の運用における個人法人比較　　　　　　　　177
　Q 19　海外金融資産運用の課税関係と留意点　　　　　　　　183
　Q 20　事業売却後のプレシード特例の活用　　　　　　　　　190

第2章　法務編

第1節　ファミリーリスクとファミリーガバナンス
　Q 1　ファミリーリスクの意義とファミリーガバナンスの活用　196

第2節　少数株主リスク
　Q 2　少数株主リスクの意義と現実性、その対策　　　　　　201
　Q 3　ファミリー憲章の活用　　　　　　　　　　　　　　　208
　Q 4　ファミリーガバナンス契約の活用　　　　　　　　　　210
　Q 5　ファミリーオフィスの活用　　　　　　　　　　　　　212
　Q 6　ファミリー会議体の活用　　　　　　　　　　　　　　214

第3節　遺留分リスク
　Q 7　遺留分リスクの意義と対策　　　　　　　　　　　　　217
　Q 8　承継対策（信託と種類株式の活用）　　　　　　　　　228
　Q 9　遺留分放棄の活用と、万能ではないリスク　　　　　　230
　Q 10　持戻しの対策（生前贈与、有償譲渡、生命保険の活用）　233

Q 11	ファミリーガバナンスの活用	239
Q 12	遺言の付言の活用	241
Q 13	再婚リスクとパートナーシップの活用	243

第4節　離婚・財産分与のリスク

Q 14	財産分与リスクの意義と、特有財産の難しさ	246
Q 15	財産分与リスクの対策（結婚した後にもできること）	252
Q 16	婚前契約の活用	253
Q 17	婚姻後契約の活用	259
Q 18	自分名義で財産をもたないこと（名義管理）	265
Q 19	特有財産のための資産管理・収支管理	267
Q 20	ファミリーガバナンスの活用	270

第5節　後継者の暴走・脱落・不在のリスク

| Q 21 | 後継者の暴走・脱落・不在のリスクと対策 | 274 |
| Q 22 | 株式の強制没収 | 277 |

第6節　子孫の配偶者側に資産が流出するリスク

| Q 23 | 資産流出リスクと対策 | 283 |
| Q 24 | 法教育プログラム・法務版人間ドック | 285 |

参考文献　288

第Ⅰ部

ファミリーガバナンスと
ファミリーオフィスについて

第1章

ファミリーガバナンス

第1節　ファミリーガバナンスとは

第2節　スリーサークルモデル

第3節　ファミリーメンバーの定義

第4節　ファミリーガバナンスの構築プロセス

第5節　ファミリーガバナンスの構成要素

第6節　ファミリーガバナンスの変更・終了

第1節
ファミリーガバナンスとは

1．ファミリーガバナンスとは

　近年、耳にすることが多くなったファミリーガバナンスという言葉ですが、もともと欧米で発生した概念であり、今のところ日本において正確な定義はありません。

　しかし、その概念を総括すると、ファミリーガバナンスとは、ファミリー内で遵守すべき統治の仕組みといえます。

　ファミリーを一つの船と考えてみましょう。この船に乗るファミリーメンバー個々人が、それぞれの利益追求のために、てんでんばらばらの方向へ船を漕ぎ出そうとすると、前へ進まないどころか、船が壊れてついには沈んでしまうことも考えられます。そこで、ファミリーガバナンスを構築し、ファミリー内の価値観を統一しておくことにより、メンバー各人の利害調整を図り、ファミリー内の対立をできる限り防ぐ役割を果たしてもらうのです。このことが、ひいてはファミリーの財産を防衛し、効率的に船を前へ進める、つまりファミリーの発展につながっていくと考えられます。

　また、ファミリーガバナンスは、本家が主導して構築する大がかりな仕組みと考える方が多いと思われますが、そうした壮大なものである必要は

ありません。そもそもファミリーが共感し尊重できる価値観で、ファミリー内の利害調整に役立つ仕組みを意味するため、家訓を明文化することもファミリーガバナンスの一つといえます。法的拘束力はありませんが、ファミリーメンバーがその家訓を尊重し、自身の行動を律する役割を果たすのであれば、十分にファミリーガバナンスといえます。「社是」などを思い浮かべていただくとよいかもしれません。その会社が大切にする思いをスローガンにし、その会社に属する社員全員が入社してから退社するまで、毎日のように接するため、自然と皆の身に染み込んで、折にふれて行動指針となります。このように、家訓の明文化だけでもファミリーガバナンスは有意義に機能するでしょう。

ただ、ファミリーガバナンスの利害調整機能をより有効にするためには、やはり法的拘束力のある「契約」や信託その他の法的スキームをベースにして、これに共有したい価値観を組み合わせることによって、ファミリーガバナンスを構築していくことが望ましいと考えられます。そのためには、構築段階で法律の専門家である弁護士などの力が不可欠となります。

2. 富裕層にとってファミリーガバナンスがなぜ必要か

富裕層は、資産規模の大きさや社会的影響力の大きさから、多くの関係者をもちます。例えば、自身が営む会社における従業員や取引先、自身が営む事業の所在する地域や、属する業界へも影響を与えるでしょう。そうした多くの関係者のなかで、一番身近にいる関係者が、家族です。

このように富裕層は、一般人と比べ多くの関係者をもつことに起因して、それらの者に対し大きな責任をもっています。

もし何の備えもなければ、認知症になり判断能力が低下した場合、急な死を迎えた場合や離婚やビジネスに関する訴訟が起きた場合などに、これら関係者に対し、計り知れない影響を与えることもあります。また、事業や資産だけでなく、これまで築いてきた信用や名声を損なう可能性も考えられます。

　そのため、事業の継続や資産の承継が支障なく行われるよう、また一族の社会的信用や名声を落とさぬよう、こうした備えをしておくことが、自身と、現在のみならず将来のファミリーをも守るために必要であることは、数々のオーナー創業家の歴史が物語っています。

　これまで日本においては、あまりファミリーガバナンスの文化が醸成されてきませんでした。その原因の一つは、日本の相続、資産承継、事業承継における税負担の大きさだと考えられます。つまり、これまでの日本の富裕層が差し迫って検討しなければならない課題は、築き上げた財産をできる限り減らさずに次世代へ受け継ぐための節税対策であるという前提が、歴然と存在してきたわけです。

　節税対策はたしかに重要です。ファミリーの、ひいてはファミリーメンバー個々人の財産をできるだけ減らさないという意味では、ファミリーガバナンスの一要素といえます。しかし、節税対策は財産を「減らさない」という、ある意味消極的な要素であり、減らさないことでファミリー全体の幸せをプラス方向に増大させるものでもありません。むしろ、財産を増やす方向へのプランニングを進めていく方が、ファミリーの幸せを直接的に増大させるものと思われます。このように節税対策は、ファミリーガバナンスの一要素ではありますが、メインテーマではないのです。

　今後富裕層が存続していくためには、従来型のように相続や承継におけるタックス・プランニングだけで終結してしまってはいけません。この課

題については早い段階から確実にクリアしておいて、さらにその先にある
プラス方向のファミリーガバナンスの構築へ進んでいくことがキーとなる
でしょう。

　ファミリーガバナンスの構築にはタイミングも重要です。年齢を重ね、
行動力や気力が低下してからでは、実現は難しくなる可能性が高まります。
反対に、最近はIT関連事業での成功やIPOなどにより若くして財を成す
方も多くいらっしゃいますが、こうした若い世代の富裕層のなかにはこれ
から結婚し、子供をもうけるという方もいます。こうしたケースにおける
ファミリーガバナンス構築のタイミングとしては、すべてが始まる前、つ
まり結婚前に大枠だけでも構築しておくべきであるといえるでしょう。

3．ファミリーガバナンスの目的

　ファミリーガバナンスの目的は、将来にわたるファミリーの繁栄やファ
ミリービジネスの成長などといわれています。

　ファミリーが同じ価値観のもと、同じ方向に向かって協力すれば、それ
は強力な推進力となるでしょう。しかし、現実はそうはいきません。ファ
ミリーメンバーは増え、傍系の家も増えます。各家が同じ利益を享受しよ
うとすれば当然ながら衝突が生じます。例えば、ファミリー内に４つの家
があり、このなかからファミリービジネスの後継者を一人決めるような場
合を考えてみましょう。いずれかの家から後継者を出すことになりますが、
４つの家がともに「我が家の子供を後継者に」と主張すると衝突が起きま
す。

　また、メンバーが増えれば「個」が増えるわけですから、それに伴い、
個人の主張は増え、方向性もまちまちになっていくでしょう。ファミリー

メンバーから抜けたいという者も現れるかもしれません。

　ただ、ファミリーガバナンスは、ファミリー全体の利益を求めて個人の利益を抑圧するものであっては永続しません。メンバー個人の利益、それは資産価値だけでなく、幸せや夢なども含みますが、これをできる限り大きくすることが、結果としてファミリー全体の利益と、繁栄につながるものと考えられるからです。そのため、個々人の利益とファミリー全体の利益が一致するようなガバナンスを構築することが一番の理想です。各人が自分の利益を追求した結果が、ファミリー全体の利益になるという仕組み作りができれば、自然とファミリー全体の永続的な発展につながるでしょう。

4．ファミリービジネスが関係する場合

　第2節スリーサークルモデル（44ページ参照）で詳しくお話ししますが、ファミリービジネスを営むファミリーにおいて、ファミリーガバナンスはコーポレートガバナンスと密接な関係をもちます。多くの創業家におけるお家騒動は、ファミリーガバナンスが整備されていないことが原因で、ファミリービジネスの毀損を招いたものと考えられます。

　また、コーポレートガバナンスは、一般的に企業の不祥事の防止や収益力及び成長性の増強のために導入される統治の仕組みであり、株主と経営者との間の「対立」を調整する役割があります。そのため、所有と経営がほぼ一致しているようなファミリービジネスにおいては、コーポレートガバナンスが有効に機能しない事態が起こり得ます。例えば、ファミリーのなかで能力の劣る者が後継者につくといったケースです。企業にとっては、コーポレートガバナンスが働いている状態であれば、優秀な経営者が必要

とされます。業績が悪化した場合は、経営者には所有者である株主に対する責任が生じるため、経営者の退任などの処置が検討されますが、所有権を握るオーナーがイコール経営者であっては、退任させることは事実上できません。

　一方、ファミリーガバナンスが有効に機能すれば、ファミリーの名前そのものが業界や従業員の求心力となり、競争上の優位性を生み出す源となることもあります。日本の代々続く創業家のなかには、素晴らしいファミリーガバナンスを構築し、メンバーがこれを遵守することで、ファミリービジネスを発展させてきた成功例もあります。

　ファミリーガバナンスが有効に機能し、ファミリーの強みを次の世代へうまく承継することができれば、企業の収益性につながり、コーポレートガバナンスに有効に働くことになります。

　このように、ファミリービジネスを営むファミリーにおいては、ファミリーガバナンスとコーポレートガバナンスが密接な関係をもっているため、より綿密に検討を重ね、ファミリーガバナンスを構築する必要があります。

5. ファミリーガバナンス構築のメリット

　ファミリーというごくプライベートな部分を、時間をかけて熟慮し、一族内の課題や紛争に備えておくことは、富裕層自身がこれまでの人生を見直し、将来を想像することです。こうしてリスクに対し然るべき備えをすることにより精神的な安定を得る効果があります。それによって、より一層ビジネスに集中することができ、ビジネスの発展のためにも、重要な意味をもちます。

また、多くの富裕層は、自分が亡くなった後も事業の継続や社会貢献を望み、自身が作り上げた資産をファミリーが代々承継していくことを願うものです。そのためには、できる限り資産を減らさないための備えと、より一層増やす仕組みが必要です。

　この点、ファミリーガバナンスは、一族内の利害を調整し、一族内の紛争を予防する仕組み作りです。一族内の紛争は、多くの場合、ファミリーの資産の毀損や散逸を招きます。親世代が亡くなった後の相続争いは典型的な紛争例です。離婚、親権喪失、再婚、養子縁組または縁組解消などによるファミリーメンバーの入れ替わりも想定されます。そうした事態も織り込んで資産保全やファミリービジネスを維持するための備えをしておくべきでしょう。そうすることで、ファミリーの資産の毀損や散逸を防ぎます。また、ファミリーの関係を円満なものとする機能も有しており、この点でファミリー間の協力が進むことでより一層の利殖に役立つこともあり得るでしょう。

【コラム】日本の創業家に見るファミリーガバナンス

　日本には100年を超える同族経営の会社が多く存在し、諸外国からは驚きと称賛をもって見られています。これらの創業家一族では、優れたファミリーガバナンスを構築し、一族に浸透させ、有効に機能させてきたようです。

・三井家

　三井創業家の長男が残した「宗竺遺書」は、江戸時代の最も有名な家訓の一つである。これには、財産権に係ることから子弟の教育に至るまで細かな定めが設けられていたという。明治時代に

民法が制定されたことに伴い、家訓の見直しが必要となり、ここに「三井家憲」が制定された。

・キッコーマン

　キッコーマンの創業8家は、「17条の家憲」に基づき、ともに栄えること、教育を重視すること、などを大切にしている。創業8家から入社できる者は1つの家から1世代に1人に限る、また創業8家出身であっても役員にする保証はない、など徹底して優れた人材を求めており、そのため、一族は互いにライバル意識をもって熱心に教育に取り組むことで、優秀な後継者が輩出されてきたといわれている。

・ミツカン、トヨタ

　いずれも後継者には大学卒業後に自社の現場を長く経験させ、経営陣へと迎え入れている。これは、現場の社員と一緒の時間を過ごすことの価値を重視しているためであろう。後継者がファミリーとだけでなく、現場の社員とも価値観の共有ができる期間を準備し、ファミリーとコーポレートの双方の内側から関係性を作り上げることに成功しているとされている。

第2節
スリーサークルモデル

1. ファミリーガバナンス構築の要点

　第1節でご紹介したとおり、ファミリーガバナンスとは、ファミリー内に共感できる価値観を設けることで、ファミリーメンバー個々人とファミリー全体が同じ価値観を共有し、ファミリーメンバー個々人の利益の増大が、結果としてファミリー全体の繁栄につながることを目的とする、ファミリー内の利害調整に役立つ仕組みをいいます。

　特に、ファミリービジネスを営むファミリーにとって、ファミリーガバナンスはコーポレートガバナンスと密接な関係をもちますから、ファミリーガバナンスの構築はより複雑なものとなります。ファミリービジネスを営まない資産家ファミリーと比べ、ビジネス（経営）という要素が加わる点、それに伴い関係者が増える点から、より一層利害調整が複雑となるのです。

　ファミリービジネスとは、一般的に特定の一族が中心となって営む事業をいい、同族企業やオーナー企業とも呼ばれます。日本では同族企業の割合は非常に高く、日本の企業のうち9割超が同族企業であり、上場企業においても約5割が同族企業であるという調査結果が出ています。世界でも

同族企業は数多く見られます。アメリカのウォルマート、ドイツのフォルクスワーゲンや韓国のサムスンなどです。日本ではトヨタ、サントリーホールディングス、ファーストリテイリング、大塚製薬や星野リゾートなどが挙げられます。特に日本の同族企業は、100年以上続く老舗企業が多く、世界からその経営手法や承継方法について、注目を集めています。同族企業は長期安定的な経営ができる点や意思決定がスピーディーに行えるなどの強みをもつ反面、健全な経営を阻害するリスクが高い点、後継者候補が非常に限られている点、また親族内の対立が起こりやすい点が弱みだといわれています。

　ファミリービジネスにおいては、ビジネスにおける統治の仕組みであるコーポレートガバナンスと、ファミリーの統治の仕組みであるファミリーガバナンスとを、上手に絡ませつつともに成立させる必要があります。ファミリービジネスには、家族であるがゆえの難解なリスクが存在します。創業者が亡くなった後の支配権争いは典型例ですが、家族であるがゆえの感情的な要素が原因であることが多く、支配権争いは一度勃発するとその期間は長期にわたり、元通りのファミリーに戻る可能性はほぼないといえるでしょう。

　こうしたファミリービジネス独自のリスクにより企業価値が損なわれる例は後を絶ちません。ファミリービジネスを営むファミリーはこのような点も考慮し、ファミリーガバナンスを構築していく必要があります。

2．利害調整の分析を容易にする 「スリーサークルモデル」とは

　ファミリービジネスを営むファミリーの利害調整を考えるうえで、その

分析を容易にするための考え方に「スリーサークルモデル」があります。

　株式会社について、「所有と経営の分離」という言葉があります。「所有」と「経営」という概念は広く世間に浸透しているでしょう。ここに「家族」という概念が加わり、7つの領域を形成しているのが、このスリーサークルモデルです。ファミリーメンバーは、所有と経営への関わり方からそれぞれ異なる領域に属することになります。そして、各人が属する領域に応じて、それぞれの求めるものが異なってくることをスリーサークルモデルは示しています。非常にシンプルなモデルですが、このように属性を可視化することで、利害対立や紛争の原因がどこにあるのか、把握しやすくなります。

　ファミリービジネスを営むファミリーは、家族（ファミリー）のサークルが所有（オーナーシップ）と経営（ビジネス）のサークルと重なる、D、E、Gの領域及びBの領域に属しますが、それ以外の領域で生じうる利害を含めて、バランスよく調整するためのファミリーガバナンスを構築する必要があります。

　ファミリービジネスを営まない資産家ファミリーは、所有（オーナーシップ）と家族（ファミリー）のA、B、Dの領域での利害調整を考慮したファミリーガバナンスを構築することとなるため、複雑性は減少します。

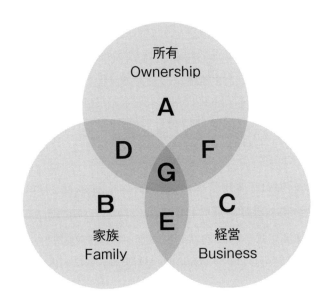

[Aの領域]

　Aの領域に属する人は、株式を有する株主のうちファミリーではなく、役員や従業員としてビジネスに参加していない人です。Aの領域に属する人にとっては、一般的には配当計画の策定が重要な関心事となります。しかし株主の権利は配当にとどまりません。株主は、保有する株式数、議決権割合などによりその影響力は異なりますが、会社の意思決定に対し影響を与えます。ファミリービジネスを営むうえでは、こうしたAの領域に属する人について、主に議決権割合と株主の権利をよく理解し、安定株主対策や議決権割合の調整、種類株式の導入の検討などを含め、ガバナンスを構築する必要があります。

[Bの領域]

　Bの領域に属する人は、ファミリーのうち、役員や従業員としてビジネ

スに参加しておらず、株式を所有していない人です。この領域の人はファミリービジネスに関与していないため何の利害調整も必要なさそうですが、ファミリーガバナンスを構築するうえで実は最も注意を払うべき領域です。というのも、家族というのは目に見えない影響を与え合うものであり、家族からの意見や家庭が抱える問題などによって、D、E、Gの領域の者の行動が左右されることがあり得ます。

　また、贈与、相続、財産分与や事業承継などにより、BからD、E、Gの領域へ移動することは十分に考えられます。赤ん坊のうちは、Bの領域かもしれませんが、やがて成長するにつれ毎年株式の贈与を受け（Dの領域）、最後は後継者としてビジネスに関わるようになる（Gの領域）、といった例が典型的でしょう。あるいは、株式は所有しないが、成長してからファミリービジネスに従事する（Eの領域）ようになるメンバーも出てくるでしょう。

　このように考えると、Bの領域では、成長途中の教育や心身の醸成がのちのファミリービジネスに大きな影響を与えることを重視し、適切なガバナンスを施す必要があることが分かります。このファミリーというプライベートな側面がもつ独自の要素に対し、精神的な面でのガバナンス、例えば教育方針や価値観の統一などが重要となってくるでしょう。

[Ｃの領域]

　Cの領域に属する人は、ファミリーではなく、株式を所有していないが、役員や従業員としてビジネスに参加している人です。この領域に属する役員、従業員に対しては、同族経営が抱える独自の事情について理解を得られるよう努める必要があります。また後継者が安心して事業を引き継ぎ、成長させていけるよう、このCの領域から信頼できるパートナーを得てお

きたいものです。同族企業の強みである結束力と信頼性を生かし、ファミリーではない役員や従業員も家族同様に考えるアットホームな企業風土を育み、働きやすい環境を整えることにより彼らの忠誠心や貢献を生むことが期待できますし、そうした考えを早くから後継者に教育することで、ファミリービジネスをより発展させることができるでしょう。そのためにCの領域では、ファミリー以外の者も共感できるような、コーポレートとファミリーをつなぐ価値観の形成が必要となります。

[Dの領域]

　Dの領域に属する人は、株式を所有しているファミリーのうち役員や従業員としてビジネスに参加していない人です。上場企業になるとこのDタイプの割合が高くなります。この領域に属するファミリーメンバーは、ファミリービジネスに関しては、配当を受け取ることが直接的な利益ですから、彼らが納得できる配当計画の提示が求められます。またビジネスに参加していない分、会社経営の情報を必要としますから、適時適切な情報開示に注意を払う必要があります。それから、この領域の特徴として、長い年月をかけて少しずつ株式の所有者を子供や孫へ変えていく「名義株」と呼ばれる問題が発生しやすく、後々思わぬ課税を受けないよう、ガバナンスを効かせておくことが重要です。

　この領域に属する株主は少数株主であることが多いです。このため、配当もない、情報開示もない、課税負担も多い、といった事態になってしまうとこの領域の人とは争いになりやすいです。株式の買取要求紛争をはじめ、昨今はこうした少数株主関連の紛争が増えており、今後一層の配慮が求められるでしょう。

[Eの領域]

　Eの領域に属する人は、株式を所有していないファミリーのうち、役員や従業員としてビジネスに参加している人です。

　ファミリービジネスにおいては、ビジネスに参加している親族が、ファミリーであることの特異性を有している事実は否めないものです。ただし、ファミリーであることにより他の社員と待遇面で差が出るようなことは許されませんし、親族間での派閥争いにより社内を二分するようなことがあっては、企業価値の低下や社員の労働意欲の低下につながりかねません。また、同族経営においてはガバナンスが有効に働いていないと、会社資産の私的流用や経営権の濫用などの問題を引き起こす可能性もあります。反対に、ファミリービジネスでは、ファミリー経営陣が保守的になり過ぎて、経営のイノベーションが起こせず、時代の波に乗れなくなるという傾向もあります。

　こうしたリスクに対しては、Bの領域で重要視すべき、教育や価値観の統一といった精神的なガバナンスの構築が重要でしょう。また、コーポレートガバナンスを強化し、外部の専門家を役員に加えるなどの開かれた環境作りも必要です。

　逆に、家族だからという理由で、給料を不相当に低くし、過度な超過労働を命ずることも、労働基準法によって認められません。これについては、Cの領域で検討すべきコーポレートとファミリーをつなぐ価値観の形成が必要となるでしょう。

[Fの領域]

　Fの領域に属する人は、ファミリーではないが、株式を所有しており、役員や従業員としてビジネスに参加している人です。この領域では、ファ

ミリーではないという意味でＡとＣの領域の特徴もあてはまります。

　この領域では役員持株会や従業員持株会などで安定株主として機能している人も多いと思われます。彼らが退職するとき、彼らの所有する株式を会社側で引き取れるよう、定款において株式に譲渡制限を定めて取得条項付種類株式を活用したり、相続のときに備えて定款に売渡請求の内容を定めるなどの備えをしておくことも、株式の分散を防止するという、重要なガバナンスの一つです。

[Ｇの領域]

　Ｇの領域に属する人は、ファミリーであり、株式を所有しており、役員や従業員としてビジネスに参加している人です。この領域は、ＡとＢとＣの領域が重複する部分ですから、すべての特徴を有しています。

　非上場企業の多くは、代表取締役がこのＧタイプに該当します。いわゆるオーナー社長、オーナー役員です。この人数が増えるほど、利害調整は複雑になるため、Ｇの領域に属する人数は、できる限り減らすこともファミリーガバナンスの一つといえます。

　傍系が増えると、どこの家から後継者を出すか、という問題が持ち上がることが多々あります。しかし、世代交代時に当面の衝突を避けるために、例えば３つの家から各１名、３名の後継者をたてたりすると、その後の経営上の舵取りが困難となり、もっと大きな問題が生じる可能性が高まります。

　かといって、後継者が決まらない状態が長く続くと、社内の状態や取引先との関係も不安定なものとなり、世間の評判を落とし、業績悪化による企業価値の低下につながりかねません。

　そこでファミリーガバナンスにおいて、Ｇの領域に立つ者につき一定の

ルールを定めておきます。世代交代時には、そのルールに則り、条件を満たした者が後継者になるよう定めます。後継者の人数も定めておくとよいでしょう。これにより、後継者争いや後継者が決まらない空白期間の長期化を避けることができます。世代交代時の企業価値の低下を防ぎ、次世代においてもファミリービジネスを発展させるためには、こうしたガバナンスの構築が必要不可欠といえるでしょう。

3. ファミリーサークル内の リスク・ガバナンスのポイント

　ここではB、D、E、Gの領域を含む「ファミリー」のサークル内で、留意すべき事項を説明します。

① ファミリーの形成と解消

　ファミリーとは、夫婦、親子、兄弟の関係が組み合わさったものと定義できます。実親子と実兄弟は、生物学上の血縁という決して解消できない関係でつながっています。一方、夫婦は、婚姻という法律関係によってつながり、養親子関係は養子縁組という法律関係によってつながっています。

[夫婦関係]

　まず、夫婦関係について検討しましょう。夫婦は生まれも育ちも異なる二人が大人になって形成する家族関係です。当然ですが、大事にしたい価値観も金銭感覚も違うでしょう。育児への関わり方や子供の教育方針への考え方、精神的な強さも違うでしょう。そして、夫婦は離婚という手続きによって、いつでも家族関係が解消されるのです。

厚労省の公表では、2021年の離婚件数は約18万件、これに対し婚姻件数が約50万件であり、3組に1組が離婚する状況といわれています。そのためどのファミリーにおいても、離婚による家族関係の解消は起こり得ることとして意識しなくてはなりません。

離婚にあたっては、財産分与などにより多くの財産を配偶者へ渡す必要が出てきますから、財産が大幅に減少する原因となります。ファミリービジネスを営むファミリーにおいては、配偶者がスリーサークルのD、E、Gの領域に属する場合、さらなる問題を生みます。ビジネスを守るためには、財産分与といえどもファミリーを離れる者に対し株式を渡すことは避けなければならないでしょう。では、どうやって相応の財産を支払うべきなのでしょうか。また、配偶者が経営者や従業員として、ビジネスに参加していた場合には、離婚を機に去ってもらうのか、それが穏当にいくのか、何かを条件にするのか、様々な問題が出てきます。そうした問題は、離婚する当事者だけでなく、他のファミリーメンバーにも大きな影響を与えるため、ファミリー全体で対応しなければならない問題です。

配偶者がBの領域に属する者だったとしても、多くの財産を渡すことに変わりはありません。ファミリービジネスの株式で支払うわけにはいきませんから、その場合の対応策も講じておく必要があります。

こうしたリスクへの対応策として、今、夫婦財産契約（婚前契約）が富裕層を中心に注目されています。夫婦財産契約は、婚姻前に締結する必要があるため、富裕層ファミリーにおいては、ファミリーガバナンスのなかに「婚姻する際には夫婦財産契約を締結する」という内容を入れておくことが大切な防衛策と考えられます。夫婦財産契約は、婚姻前に家事や婚姻費用の分担、離婚時の財産分与などについて定める契約です。これは法定財産制を蔑ろにしてなんでもかんでもファミリーの有利にするために作る

わけではありません。法定財産制にも配慮して、財産分与の額の幅を「予測可能にしておく」、財産分与による影響を「受容可能な状態にしておく」ことに意味があります。例えば、婚姻前の財産を特定し明確にしておく、それから得られる果実は特有財産であることを明確にしておく、婚姻後に形成された共有財産とは何かを特定しておく、財産の価値評価や財産分与の履行方法を定めておくなどの積み上げにより、財産分与の額が大きくぶれない、おおよそ離婚時に予測でき、かつ受容可能な状態にしておくのです。

[養親子関係]

　次に養親子関係について検討しましょう。子供のいる相手と再婚し、先方の連れ子を養子にする場合や、親のいない子供を特別養子縁組で引き取るなどの場合は別ですが、相続対策として養子縁組をするケースでは、親族内から養子縁組をする例が多々見受けられます。

　この場合、配慮しなくてはいけないのが、当の養子となる子供の気持ちです。苗字が同じなら学校や会社でも問題はないかもしれませんが、苗字が変わる場合は注意が必要です。就学期の場合はこのことがいじめの原因になったりもするのです。また当人が十分な大人で、自身の判断で養子になることに同意した場合でも、他の親族の気持ちを考えなければなりません。1代目の子供として甲、乙、丙3人がおり、それぞれ甲家、乙家、丙家を形成していたとします。そのなかで、1代目が相続対策として甲家の孫丁を養子にとったとします。そうすると、1代目の相続が発生した際には、甲、乙、丙に加えて、丁が法定相続人ですから、乙家、丙家と比べ、甲家の相続する分が増えることも考えられます。乙家と丙家はあまりいい気分はしないでしょう。感情的な軋轢からファミリーにひびが入る可能性

もあります。

　相続税の計算をするうえでは、実子がいる場合、税務上、養子は1人までしか法定相続人としてカウントされません。法定相続人が1人増えることの主な税務メリットは、相続税の基礎控除が600万円増えること、生命保険金の非課税枠が500万円増えること、そして法定相続人の数が増えることで相続税率が下がることです。資産規模が数十億円といった富裕層においては、ファミリーの平和を犠牲にしてまで養子縁組をするほどの影響は相続税額に与えられないでしょう。そうであれば、ファミリーの穏やかな関係を継続していくことを重視する方がよいのではないかと思われます。

　また、養子縁組は、離縁という手続きによって解消することができますが、離縁は当事者だけでなくファミリー内にも深刻な傷を残します。基本的には、一度縁組をしたらもう解消しないものと考え、慎重に検討すべきでしょう。

②ファミリーサークル内で求めるべきこと

　ファミリーサークル内で最優先事項とすべきことは、ファミリーの幸福です。ファミリー全体の幸福は、ファミリーメンバー個々人の幸福を増大するものでなくてはなりません。全体の幸福のために、メンバー個々人が抑圧されたり、夢を犠牲にしたり、あるいは資産価値を減らしたりするような仕組みであっては、ファミリーの結束は長続きしないでしょう。

　幸福というのは、抽象的で主観的な概念であり、定義することは難しいものです。ただ一ついえるとすれば、各人がこのファミリーに生まれてよかった、このファミリーの皆と将来にわたって付き合っていきたい、と思える状態ではないでしょうか。

ファミリーは個の集合であり、全員が完全に同じ目標に向かって同じ考えで生きていくということはあり得ません。ズレがあって当然です。ただ、そのズレが埋めることができない断裂になると、ファミリー全体の幸福が損なわれてしまいます。ファミリー内の不和が、ファミリーメンバーの精神や身体の健康を損ない、ビジネスや資産価値にも悪影響を与えることも十分に考えられます。そのため、こうしたリスクに対し、十分な備えをしておく必要があります。

　では、いったいどのような備えをすべきでしょうか。それは、できる限り、メンバー個々人の幸福や利益がファミリー全体の幸福や利益に一致するようにファミリーガバナンスを構築しておくことです。メンバー個々人は自分の幸福や利益を求めた行動をとりますが、それが自然とファミリー全体の幸福や利益に沿っており、結果としてファミリーの繁栄につながるという仕組みを作っておくのです。この仕組みがうまく機能すればファミリー内に人間としての信頼関係が育まれ、結束が高まり、ファミリーメンバーそれぞれが、ファミリーの名声を高める働きをするようになるでしょう。

　具体的には、どのようなファミリーガバナンスを構築しておくべきでしょうか。やはり、ファミリー内の価値観の統一が一番といえるでしょう。幼い頃からのファミリー全体の交流は価値観の統一に大きな効果を与えます。また、育児や教育、結婚に関する方向性のおおよその統一も重要です。金銭感覚や仕事への考え方についても然りです。ファミリーの外から入ってくる配偶者については、まったく違うバックグラウンドをもっていますから、すぐには価値観を共有できないでしょう。しかし、日々対話を重ねて生活をともにすることでファミリーとしての重要な価値観を共通のものとすることもできるでしょう。価値観が統一されたファミリーで成長すれ

ば、ファミリーメンバーが選んできた相手にもそれほど心配はいらないで
しょう。ただし、備えはいつでも大切ですから、婚姻前の夫婦財産契約な
どにより、ファミリーガバナンスを有効に機能させておく必要があります。

③資産の運用と承継

　ファミリーサークル内で最優先事項とされるファミリーの幸福のために
は、ファミリーの有する資産の継続的な運用と効率性の高い承継が欠かせ
ません。

　前述のとおり、日本における資産の承継には大きな税負担が生じます。
日本の相続税の最高税率は55％ですから、いかに資産があっても、相続
の度に半分ずつ納税で資産を減らしていくと、「３代で財産がなくなる」
といわれるのも自明の理です。そうした事態に陥らないよう、ファミリー
全体で備えることも、重要なファミリーガバナンスの一つです。

［資産の運用］

　富裕層は、その生活を維持するためにも、また将来確実に生じる税負担
のためにも、ビジネス以外のプライベートの資産を運用して増大させる必
要があります。運用にリスクはつきものですが、多くの富裕層はそのなか
でも安全性が高いものを選択する傾向があります。大きく儲けないが、大
きなけがはしない、そんな堅実な運用は、ファミリーの利益を重視するう
えで欠かせない姿勢といえます。

　運用方法としては、上場株式や投資信託、不動産への投資などが一般的
に思い浮かびます。運用するうえで考慮すべき点は、リスクの分散と長期
運用といわれています。一口にリスクの分散といっても考慮しなければな
らないリスクは、インフレリスク、為替リスク、カントリーリスクなど多

岐にわたります。リスク分散は運用において鉄則であり、極端に偏った資産構成（例えば全資産に占める不動産の割合が極端に高いなど）の場合は資産構成を見直すこともリスク分散の一つでしょう。また、資産を円だけで保有するのではなく、海外通貨を取り入れる、もう一歩踏み込んで海外での資産運用へ目を向けるのも選択肢の一つとして考えられます。親世代での運用に注力してしまうのが一般的ですが、贈与税の制度が改正された今、子供世代での運用を検討する方も増え始めています。例えば、相続時精算課税贈与の制度を利用して、資産の一部を早い時期から子供世代へ贈与し、子供世代の方で大きく増やし、来るべき相続税の納税資金に備えるという方法が注目されています。

[資産の承継]

　資産承継の成功のためには、誰に何を承継させるか、これを早い段階から決めることが必要となります。ファミリービジネスを営む富裕層であれば、まず後継者を決めることが基点となってきます。この後継者に経営の安定化のためファミリービジネスの株式の大半を相続させるわけですが、ほかの相続人にも遺留分という権利がありますから、これに配慮しなくては安定した相続は望めません。後継者以外の相続人に承継するものを手当てし、相続税の試算をし、各相続人が承継した財産で納税できるかどうか、シミュレーションをします。納税は原則として現金で一括納付ですから、現金での納税が難しければ、対応策を検討しなければなりません。後継者が承継する株式の財産評価額が高く、納税資金がままならない場合は、一定の要件を満たす非上場会社であれば事業承継税制の適用を検討します。ファミリービジネスが既に上場会社の場合は、後継者はどれくらいの株式保有割合を維持すべきか、逆にいうと最大でどれくらい売却しても構わな

いかを検討します。上場株式は市場で売却し現金に換えられるため、納税資金に困らないだろうと一般的には思われますが、創業家としては「後継者は個人筆頭株主でいなくてはならない」などの想いや会社からの要望があるものです。

こうした検討には、長い時間と気力が必要です。スムーズで安定した承継のためには、55 ～ 60歳を目途にこれらの動きを始めたいものです。

現状における相続税のシミュレーションが固まれば、相続税の実効税率が分かります。タックス・プランニングを含むエステート・プランニングは、ここから始まります。

資産管理会社の利用、ホールディングス化など、ファミリーの数だけエステート・プランニングのバリエーションが考えられます。ファミリービジネスが非上場会社の場合は、定期的な株価の観察が必要です。いずれのプランを実行に移すにも、どれだけの税金やその他のコストがかかるか、それで得られる節税効果はどれくらいかという、タックス・プランニングが必要となります。

長年、エステート・プランニングのなかでも最も確実で王道の対策とされてきたのが、暦年課税贈与制度です。贈与は相続と違い、贈与する財産額や贈与する回数を自分でコントロールできます。そのため、先に把握した相続税率よりも低い税率のところで贈与を繰り返せば、確実に節税につながることになります。「誰に何を承継させるか」の基本方針にしたがって、長い時間をかけ贈与を繰り返すことは、有効なエステート・プランニングの一つといえるでしょう。

また、［資産の運用］でご紹介した、相続時精算課税制度を利用するという方法も選択肢として挙げられます。相続時精算課税制度では、贈与した財産は相続時に相続財産に加え戻し、相続税の対象となります。そのた

め、相続財産から切り離すことにはなりません。この点が暦年課税贈与制度と大きく違う点です。しかし、大きな特徴として、相続財産に加え戻すのは贈与時点の贈与財産評価額であるという点が挙げられます。贈与した後に子供世代の方で上手に運用して2倍3倍に資産価値を増大させていれば、相続税の納税資金対策として、大変有効に使える選択肢なのです。これまでの相続対策は、財産を圧縮する方向にばかり向かっていましたが、これからは次世代の方で資産を大きく増やす相続対策を検討したいものです。今後の資産承継は、3代で財産をなくすことを受け入れるのではなく、次の世代もそのまた次の世代も、資産を増やし続ける仕組みを受け継いでいく方向性となるのではないでしょうか。

　このように、資産承継においては、シミュレーションやプランニングは継続して行う必要がありますが、もう一つ大切なファクターとして「自身の思いの実現化」があります。これは、エステート・プランニングの成功に欠かせない要素です。富裕層が自身の描いた考えを相続開始後に実現するためには、遺言を遺す必要があります。「誰に何を承継させる」ということは当然ですが、社会貢献活動の継続や寄付の指示、または自身のコレクションをどういった形で後世に遺すかなど、遺言で指示しておくのです。民法の要件を満たした遺言は、法的効果を生じる文書となります。財産や家族の状況の変化に応じて、遺言は何度でも書き直すことができます。関係者を多数有する責任ある富裕層としては、不測の事態に備え、まずは現段階での遺言を書いておくことが求められます。

4．オーナーシップサークル内の　リスク・ガバナンスのポイント

　ここでは、A、D、F、Gの領域を含む「オーナーシップ」のサークル内で留意すべき事項を説明します。

①ファミリーである株主について

　オーナーシップサークルにおいては、Gの領域に属する人とDの領域に属する人とで、留意すべき事項が異なってきます。

　Gの領域に属するのはいわゆるオーナー社長、オーナー役員として、ファミリーであり、株式を所有し、かつ事業に参加する人たちが該当します。この領域の人にとって重要かつ課題となるのは、ファミリービジネスの承継です。

　創業者が一代で築き上げたビジネスの場合、後継者へ経営を譲るタイミングが大きな課題となります。創業者はビジネスに対する思い入れが強く、いつまでもビジネスに関与していたいというお気持ちの方が多く見られます。またビジネスにいそしむあまり、後継者選定や育成がおろそかになってしまう例も多数あります。

　逆にファミリービジネスの2代目、3代目は、自身が承継を受けた経験から、比較的早い段階から次の世代への承継をイメージできるようです。

　ファミリービジネスの承継は、基幹となる方針のもと、事業承継計画を作ることから始まります。

　まずは、ファミリービジネスの現状把握からスタートします。そもそもそのファミリービジネスの事業内容や分野の将来性を検討し、そのまま存続させるのか、事業内容の転換を図るのか、ということも考える必要があります。また、後継者としてファミリー内に適切な者がいるかどうか、い

なければファミリー以外の役員や従業員から後継者を選定する道やM＆Aの道も考えなければなりません。承継にあたっては相続税や贈与税、譲渡所得税も把握しておかなければなりませんから、自社株式の株価評価を行います。株価評価は、株式移譲のタイミングを計るためにも、定期的に中長期にわたり行う必要があります。また、一定の要件を満たす非上場会社の場合は事業承継税制の適用可否も検討すべきでしょう。こうした事業承継計画は、硬直的なものだと無理が生じたり、状況の変化によっては非効率的なものに転じたりすることもありますので、経営環境や経済環境、税制改正などの要素に加え、ファミリーの状況変化も踏まえて、定期的に見直すことが求められます。

現オーナーは事業承継計画に沿って、承継を進めていきます。後継者候補に対しては、できる限り長い時間、現オーナーがともに走る時間を設け、現オーナーのビジネスに対する精神や、得意先、取引先、金融機関との関係などの有形無形の財産を受け継ぐことができるようにします。こうした現オーナーと後継者候補の伴走期間の存在は、多くの場合、事業承継に成功をもたらします。

［Dの領域に属する人］

次に、Dの領域に属する人について留意事項を検討しましょう。Dの領域に属する人はファミリーであり、株式を所有していますが、事業に参加していない人たちが該当します。

ファミリービジネスを営む富裕層の場合、自社株式が財産の大半を占めるという方も多くいらっしゃいます。ビジネスの安定化のためには、後継者に自社株式を集中的に承継させたいところです。しかし、相続に際し、後継者以外の相続人の遺留分に配慮する必要から、自社株式を後継者以外

の相続人に相続させざるを得ないことが往々にしてあります。後継者以外の相続人が相続した自社株式が、次の相続によりまた複数の相続人に取得され、また次の相続で複数の相続人に取得されます。このように相続を経るごとに自社株式の所有者はネズミ算式に増え続けます。株式のオーナーである以上、皆会社に対し権利を有します。なかには会社に対し、無理難題を要求する者も出てくるでしょう。行方不明となる者も出てくるかもしれません。株式が分散すればするほど、ビジネスは不安定になるものです。

こうした事態に備えるために、一定のファミリーガバナンスを構築しておきます。後継者以外の株主が所有する株式については、その株主が亡くなった際には特定の者が買い取ることができるようにしておくことなどが考えられます。

ファミリーのルールを遵守できない者が現れた場合には、強制的に株式を買い取ることができる仕組みや、会社が認めた者以外に株式を譲渡しないよう、譲渡制限のルールも構築しておくべきでしょう。

また、株主の有する権利として、配当を受け取る権利と議決権があります。これらについても、定款や種類株式、株主間契約を検討し、ガバナンスを構築しておくことが重要です。

②ファミリーでない株主について

ファミリーでない株主については、非上場会社の場合は役員持株会や従業員持株会の制度などで株式を所有する、Fの領域に属する者が考えられます。

非上場会社において、Fの領域に属する者が株式を所有することは、会社への貢献意欲の向上へつながります。自らの働きにより、配当が増えばなおのことです。また、会社にとっては、安定株主を得ることができる

といったメリットがあります。彼らのモチベーションの維持のためには、配当の支払い基準、退社時の買取価格の明確化といった、誠実な対応が会社に求められます。

　また、Fの領域に属する者が退社するときは、持株会が一定の買取価格で自社株式を買い取りますので、自社株式の分散を防ぐ仕組みも設けられます。

　ファミリーでもなく、役員や従業員でもない株主である、Aの領域に属する株主は、主に上場会社の株主が想定されます。ファミリービジネスが上場会社の場合、非上場会社の場合と比べ、実に多くの関係者をもつこととなります。一般投資家であれば、株価の値上がりや配当、株主優待を重視します。一方、外資系ファンドなどが、国内優良企業を買収する動きも活発であり、株主は議決権に応じた権利を有しますから、常に株主の議決権割合には注意を払っておく必要があります。

③ファミリービジネス以外の資産について

　オーナーシップ（所有）の対象は、ファミリービジネスの株式だけにとどまりません。ファミリーが有するその他の有形資産、例えば金融資産をはじめ、不動産や美術品なども対象です。また、ファミリーの信用や社会的名声といった無形資産も対象です。無形資産は、場合によってはファミリーの有するビジネスや有形資産の価値へ影響を及ぼしますから、大変重要な要素です。

　これらの資産も対象として、その散逸や価値低下を予防するためのガバナンスの構築が求められます。

5. ビジネスサークル内の
リスク・ガバナンスのポイント

　ここでは、C、E、F、Gの領域を含む「ビジネス」サークル内で留意すべき事項を説明します。

①ファミリーである役員、従業員について

　ファミリーメンバーがファミリービジネスに参加し、役員、従業員として活躍することは、ファミリー全体の幸福や利益につながる、大変有意義なことです。一方で、ファミリーメンバーであることによる厚遇や権力の濫用は防がなくてはなりません。この対策としては、外部の専門家を役員に入れ、オープンな環境を社内に作ることが考えられます。

　また、ファミリービジネス特有の懸念事項として、ファミリーサークル内の事情をビジネスに持ち込むという問題も考えられます。分かりやすい例でいいますと、親子げんかの結果、社長である親が従業員である息子を会社から一方的に追い出すといった事態です。雇用契約を結んでいる以上、これを一方的に解消することは基本的に認められないため、労務トラブルへ発展することが懸念されます。この対策としては、ファミリーメンバーをビジネスへ入れる際には、ファミリーサークル内でのトラブルに備えた条件などを設定しておくことが考えられます。

②ファミリーでない役員、従業員について

　ファミリーでない役員、従業員については、同族経営への理解を得ることが重要となってきます。同族経営ならではのメリットは十分に理解されると思いますが、デメリットの方も受け入れてもらわなくては、長く勤めてもらえないでしょう。一般的には、同族経営のデメリットは、所有と経

営が一致していることにより健全な経営が阻害されるリスクが高い点、後継者候補が非常に限られており、能力の低い者が後継者につく可能性が否めない点、親族内の対立が起こりやすい点などといわれています。健全な経営については、開かれた職場環境を作ることなどで担保したいところですが、2点目、3点目はファミリーサークル内で可能な限りデメリットを低減できるよう、努める必要があるでしょう。早い段階からの後継者への教育であったり、ファミリー内の価値観の統一であったりなどが肝要です。

　また将来にわたって、ファミリービジネスが発展し、次世代になっても順調に滑り出せるよう、優秀な役員、従業員は確保しておきたいものです。長年にわたり会社のことを知り尽くした信頼できるパートナーは、いくらお金を出しても得られるものではありません。ファミリーの価値観を尊重し、この会社のために貢献しようと思ってくれるよう、ファミリーとしても彼らの信頼や共感を得るための努力をすることが重要となります。

6. ファミリーガバナンスと コーポレートガバナンスとの関係

　ファミリービジネスを営むファミリーの場合、ビジネスにおいてはコーポレートガバナンスが存在します。ここでは、ファミリーガバナンスとコーポレートガバナンスとの関係を整理します。

　コーポレートガバナンスとは、会社が有する多種多様な関係者に対し、公正かつ透明性のある経営判断を迅速に行うための仕組みと定義されます。会社の関係者は、株主をはじめ、従業員、取引先、顧客、地域社会などに及びます。ここではファミリービジネスを営むファミリーを考察するにあたって、特に株主と経営者との利害対立を調整する機能にフォーカス

を当てたいと思います。

　そもそも株式会社においては、所有と経営は分離していることが前提とされます。経営者は、本来、所有者である株主利益の最大化のため経営を行うことが求められます。しかし、長い会社経営の過程においては、株主と経営者との間で利害が必ずしも一致しないことがあります。株主と経営者の利害対立は、彼らの「目的」が一致しないこと、また同等の「情報」を得られないことから生じます。

　「目的」としては、株主は配当やキャピタルゲインを求め、一方、経営者は会社の長期的な成長や社会貢献による企業価値の上昇、また、従業員や取引先、その家族への責任など多種多様な課題に応えることとします。「情報」については、経営者が会社のあらゆる情報を手にできる立場であるのに対し、株主はどうしてもそれに劣らざるを得ません。こうした株主と経営者の利害対立関係を調整するために機能するのが、コーポレートガバナンスとされます。

　一方、ファミリービジネスの多くは、所有と経営がほぼ一致する同族会社が想定されます。このような同族会社では、一般的な株式会社に見られる株主と経営者の利害対立は生じず、両者の利害対立を調整するためのコーポレートガバナンスの必要性はないように思われます。ただし、コーポレートガバナンスの機能はこれだけにとどまらず、先述のとおり多種多様な関係者に対する責任を果たすために機能しますから、同族会社では別の側面での問題を検討しなければなりません。

　株主イコール経営者である会社の場合、いかに財政状態が悪化しようと業績が低迷しようと、経営者を退かせることはできません。そうすると、従業員や取引先といった関係者に対し、負の影響を押し付ける結果となる可能性があります。

また、同族会社以外の会社では、広く一般から競争を勝ち抜きトップとなった者が経営者となりますが、同族会社では創業家のなかから次世代の経営者が選出されることがほとんどでしょう。つまり、経営者となる候補者が非常に限定されており、能力的に劣る者が経営者になる可能性が否めないといえます。このことは、やはり関係者に対し、負の影響を及ぼします。

つまり、株主イコール経営者である同族会社におけるコーポレートガバナンスとは、株主と経営者の利害調整ではなく、株主以外の関係者に対する利害調整をなすためのものとして重視されるべきと考えられます。

では、こうした同族会社に特有の問題には、どのような対処が有効なのでしょうか。ここで登場するのが、やはりファミリーガバナンスです。

財政悪化や業績低迷に対し、有効な手段を講じることができない経営者、また適性に欠ける経営者については、解任することができるよう、あらかじめファミリーガバナンスを構築しておくのです。また、一定レベルを満たすファミリーメンバーのみが役員として経営に参加し、広く外部から有能な人間を登用するなどの仕組みをファミリーガバナンスで定めておきます。

このように、同族会社におけるコーポレートガバナンスの欠落する部分を、ファミリーガバナンスで補うことで、両者が一体となってファミリービジネスを支えていくことが可能となります。

ファミリービジネスの発展は、ひいては株主としての配当などの経済的利益を生みますから、ファミリー全体の幸福や経済的資産価値の上昇につながります。

また、ファミリービジネスの発展は、ファミリーの名声や信用にもつながりますから、経済的な資産価値だけでなく、目に見えない無形の資産価

値も上昇させることとなります。

第3節

ファミリーメンバーの定義

1．ファミリーとは

民法上は、「親族」というものを下記のとおり明確に定義しています。

民法　第725条

次に掲げる者は、親族とする。

ⅰ　6親等内の血族

ⅱ　配偶者

ⅲ　3親等内の姻族

ただ、ファミリーガバナンスを構築するうえでは、民法上の親族の定義にとらわれる必要はありません。配偶者の親や兄弟などの姻族を除外することも考えられますし、反対に法律的には縁組をしていない配偶者の連れ子を含めることも考えられます。

第2節で述べましたが、ここで繰り返しておきます。ファミリーとは、

夫婦、親子、兄弟の関係が組み合わさったものと定義できます。そして実親子と実兄弟は、生物学上の血縁という関係でつながっており、夫婦は婚姻という法律関係、養親子関係は養子縁組という法律関係によってつながっています。また、上述のとおり、法律的なつながりはなくとも、ファミリーメンバーとしてファミリーガバナンスに参加してほしい人も含めます。

　夫婦関係と養親子関係は、法律によって形成することも解消することもできます。ファミリーガバナンスを構築する際は、こうしたファミリーの入れ替わりがあることも想定しなければなりません。

2. ファミリーメンバーの定義

　ファミリーガバナンスを構築するうえで重要となってくるのは、この枠組みに参加するメンバーやこの枠組みを維持する責任者が誰であるかを定義することです。ファミリーガバナンスは長くファミリーで遵守していくものですから、その参加者の特定は将来にわたって大きな意味をもちます。

　ファミリーメンバーは、一般的にはファミリービジネスの創業家、またはビジネスを営まないファミリーにおいては本家の直系血族をメインとして構成されることが多いと思われますが、家族の在りようは千差万別ですから、それぞれの家風や環境にフィットするようメンバーを構成することになります。このようにファミリーメンバーの定義は、ファミリーごとのオーダーメイドであり、自由である一方で、非常に慎重に検討しなければならない難問ともいえます。

　ではファミリー内のマイノリティについては、どう考えるべきでしょうか。ファミリーガバナンスに参加するメンバーは、創業者やその後継者と

いった主要メンバーだけでいいのではないか、と考える方もいるかもしれませんが、これに関しては、できるだけ広い範囲のファミリーに参加してもらう必要があるといえるでしょう。株式を所有せず、ファミリービジネスに関与しないファミリーは、代が進むほど増えるでしょう。上場会社の創業家一族などを見ても、時を経るにつれ、むしろこうしたファミリーの方が多くなります。

　ファミリーガバナンスが長く遵守され、維持されていくためには、ファミリーの誰もがこのファミリーに属していることを幸福に思うことが重要です。また、ファミリーのマイノリティがとった行動がファミリーの社会的信用を落とすようなこともあり得るため、主要メンバーではない者も広く含めて、ガバナンスを効かせることは重要と考えられます。主要メンバー以外のファミリーが多くを占めるような世代になっても、ファミリーガバナンスが機能するためには、最初からマイノリティのファミリーをメンバーに入れて、ファミリーガバナンスを構築しておくことが求められます。

　また、配偶者の姻族がファミリーガバナンスに参加することについては、消極的な見方が多いようです。というのも、姻族は離婚によって親族ではなくなります。その際に、株式やそれに伴う議決権、またその他の財産権がファミリー外部へ異動することも想定されるため、ファミリーガバナンスの参加者としてメンバーに加えることは、実務上もあまり見られません。さらにこうしたことから、慎重なファミリーにおいては、配偶者の姻族だけでなく、配偶者自身もファミリーメンバーに加えないことも検討されることがあります。

　それから、現にファミリー内の紛争当事者となっているファミリーをメンバーに加えるかどうかについては、個別具体的な状況を勘案し慎重な検討が必要です。本来であれば、そうした紛争を未然に防ぐためのガバナン

スですが、構築前に既にファミリーの結束から外れた者、もしくは対立をしている者については、他のメンバーに与える影響を考慮しなければなりません。また、そうした状態では、ファミリーメンバーとして迎え入れたくても具体化できないということもあるでしょう。

　いずれにせよ、ファミリーメンバーの定義に唯一の答えはありません。ファミリーにとって、ふさわしい者をメンバーとして、ファミリーガバナンスを構築し、維持していくべきでしょう。

3. ファミリーガバナンスに参加する
　モチベーション

①マイノリティがファミリーメンバーになるためのモチベーション

　ファミリーガバナンスの目的は、将来にわたるファミリーの繁栄やファミリービジネスの成長などを得ることであり、スリーサークルモデルのファミリーサークル領域内では、ファミリー全体の幸福を増大化することが最優先と考えられます。しかし、そうはいってもファミリーガバナンスに参加することのメリットを何も感じない者がただファミリーの幸福のために、といわれても参加するはずはありません。また、強制的に参加させることもできません。

　例えば、ファミリービジネスの議決権を55％所有する長男一家と、12％所有する長女一家があるとしましょう。長男は会社の代表取締役として経営に関与し、かたや長女一家からは誰も経営に関与していないとします。長男の行う議決権行使の内容に長女も従わなければならないという内容のファミリーガバナンスの仕組みがある場合を仮定します。このとき、長男は、ファミリーガバナンスを通じて長女一家のもつ12％と合わせて

議決権を統一行使することで、ファミリーとして3分の2以上の議決権をもつこととなり、安定した経営を行うことが可能となります。

　一方、長女はどうでしょう？　現状では、長男は過半数の議決権をもつとはいえ、3分の2以上の議決権を有していないため、定款の変更や組織再編等といった株主総会特別決議が必要な事項については、長女の同意を求める必要があります。その点で長女は株主としての存在意義を有しています。ところが、長女はファミリーガバナンスに参加することによって、その存在意義を失うことになりかねません。自らの判断で行うことのできる議決権行使の機会を失うからです。

　つまり、マイノリティである長女が心から同意してファミリーガバナンスに参加するためには、長女にとってファミリーガバナンスに参加することのメリットを与える仕組みが必要だということです。ファミリーガバナンスの構築時及びその後の運営中において、ファミリーメンバー各人が十分なメリットを感じられなければ、ファミリーガバナンスの長期的な維持は難しいこととなります。特に、そうしたマジョリティではないファミリーにファミリーガバナンスを維持・運営するための役割を担ってもらうなどの負担が生じるときには、これはさらに難しくなります。

②具体的なメリットの設定

　マイノリティに対するメリットとしては、まずは、財務的な効果を上げるということが考えられます。

　各家の財産を、ファミリーとして一括して運用することで、規模の利益を得ることが可能となります。例えば、シンガポールのプライベートバンクなどでは、一般的に最低預かり資産額は20億円からといわれています。もちろん、画一的に20億円以上なければシンガポールで運用できない、

というわけではなく、そのファミリーの全体財産規模や社会的地位や背景などを考慮したうえで、多少のさじ加減はありますが、分散投資や規模の利益を得るためには、それくらい預かりたいということです。先の例で、長男一家の財産と長女一家の財産を合わせてシンガポールなどで運用するということも、ファミリーガバナンスを組めばこそ可能でしょう。長女は株主としての存在意義はともかく、多くの運用効果を得ることで、ファミリーガバナンスに参加しているメリットを感じられる可能性が高くなります。他方で、財産を処分したい場合に自由が利かないデメリットもありますので、その点は運用開始の際に十分に話し合っておく必要があるでしょう。

　また、長男と長女が一つの資産管理会社を作り、そこがファミリービジネスから何らかの収入を得る仕組みを作っておくということも考えられます。例えば、先代から長男長女が相続した土地を資産管理会社へ現物出資などでもたせ、その土地をファミリービジネスに対し工場用地として貸し、地代を得るなどの仕組みです。そこへ貯まった金融資産を、また運用で増やしてもいいですし、配当で分配していき、例えば両家の子供や孫世代の教育や相続時の納税資金に充てるために使うようにすると、ファミリーメンバーはメリットを感じることでしょう。ほかにも、先の未来に経済的に苦しい状況となってしまうファミリーが現れてしまう場合に備え、そのファミリーのためのセーフティネットの役割をもたせることも、ファミリー全体にとって有意義なことです。

　次に、株主としての権利について、マイノリティにメリットを感じてもらう仕組みを設定しておく必要があります。

　また先の例を使いますが、長女は、ファミリーガバナンスに参加することで、議決権を統一行使され、株主としての存在意義を失ってしまった、

と不満に思うかもしれません。しかし、長女の議決権は12％ですから、実際に会社へ与える影響力は長女単独ではさほどありません。

　このような場合に、長女にメリットを感じてもらうためには、どのような仕組みを導入すればよいのでしょうか。

　その対策として、ファミリーガバナンスにおいて、議決権行使の意思決定を行うための委員会を設けます。長女はその委員になることで、意思決定に直接関与することができるのです。今まで会社の意思決定にさほど影響を与えられなかったマイノリティにとっては、大きな意義を感じさせる効果があるでしょう。

　このようにマイノリティが積極的にファミリーガバナンスに参加するための仕組みを作っておくことは、ファミリーガバナンスが長続きする鍵の一つとなります。

第4節

ファミリーガバナンスの構築プロセス

1．ファミリーガバナンスの構築

　ファミリーガバナンスは、将来にわたるファミリーの繁栄やファミリービジネスの成長という目的のために構築され、ファミリー内の価値観の統一や利害調整という役割を担います。法的拘束力のない、家訓の明文化なども、ファミリーが共感し尊重できるのであれば、ファミリーガバナンスの一つといえるでしょう。しかし、利害調整機能をより有効に働かせるためには、法的拘束力のある契約などのいくつかの仕組みをベースにして、それらの仕組みを組み合わせることによって、ファミリーガバナンスを構築していくことが望ましく、そのため、構築段階で弁護士などの専門家の力が不可欠となります。

　また、ファミリーの財産を減らさずに、むしろ大きくして次世代以降へ引き継ぐために、税理士や運用の専門家の協力も欠かせません。

　ファミリーメンバーの定義や、どのような利害調整をする必要があるのかに応じて、そのファミリーにとって最もふさわしい統治の仕組みを構築する必要があります。

　したがって、ファミリーガバナンスを構築するプロセスも唯一ではなく、

ファミリーごとに多くの要素を考慮しながら、オーダーメイドで築き上げることとなりますが、ここでは、多くのファミリーガバナンスの構築に共通するプロセスについてご紹介しましょう。

2．目的の設定・明確化

まずは、ファミリーガバナンスの目的を明確にします。

最終的な目的は、例えば将来にわたるファミリーの繁栄とファミリービジネスの成長といったものが考えられます。ここでの目的はある程度柔軟である方がよいので、シンプルに「将来にわたるファミリーの繁栄」だけでもよいでしょう。

その最終的な目的（大目的）を実現するために、ファミリーガバナンスは、「ファミリーの財産の管理や運用を行い、ファミリーの良好な関係性の維持と発展を図る」などの下位の目的（中目的）をもって設計されることとなります。もちろん、この中目的の下には、この中目的を実現するためのさらに細分化、具体化された下位の目的（小目的）が設計されます。

3．構築のための３ステップ

ファミリーガバナンスは、おおむね次の３ステップで構築されるものと考えられます。

①現状把握、情報収集

②プランニング

③運用開始

以下、各ステップでなすべきことを順にご説明します。

①現状把握、情報収集

　ファミリーガバナンスは、創業者が単独で導入を検討する場合もありますが、その場合であってもファミリーを取りまとめ、率いてくれる中心メンバーがいるものです。その中心メンバーが、ファミリーの現状を把握することがすべての始まりです。

　まずは、ファミリーガバナンスに参加するメンバーの定義が重要となります。戸籍謄本で把握できる親族関係図だけではなく、ファミリービジネスへの関与度合いや株式保有割合または資産規模、個々人相互の影響度合いといった各種要素を考慮した親族関係図を作成することも一案でしょう。スリーサークルモデルを用いて、各ファミリーメンバーがスリーサークルのどの領域に属するか、ということも把握しておく必要があります。なぜなら、属する領域によって、行動パターンや要望が変わってくるからです。また、ファミリーガバナンスに加わることに消極的なメンバーについては、参加することのモチベーションをガバナンスのなかに織り込むよう、設計する必要があるでしょう。ファミリーガバナンスは長くファミリーで遵守していくものであり、その参加者の定義は将来に大きな影響を与えます。この枠組みに参加するメンバーが誰であるかを定義することは、最初の重要ポイントとなります。

　次に、ファミリーメンバーとコミュニケーションを十分に図り、各人の本音を丁寧にヒアリングします。この段階で、皆が同じ方向を向いている

わけではないことも判明するでしょう。このヒアリングは、ファミリーガバナンスの役割の一つである、価値観の統一のために欠かせないものであり、時間をかけて丁寧に行うべきものと考えられます。このコミュニケーションのなかで、ファミリーメンバーに対し、なぜファミリーガバナンスが必要なのか、今作らなければどのような問題が起こるのかなどを伝えて理解してもらうことも重要です。

そしてこの段階で、既に顕在化している課題、まだ潜在的な課題をピックアップしていきます。ファミリーの現状把握やファミリーメンバーへのヒアリングを通じて、多くの課題が浮かんでくるでしょう。

また、この段階では、ファミリーの財産の把握も行います。目に見える財産はもちろん、社会的信用や名声、のれん、人脈といった無形の財産も把握していきます。何がファミリーにとって強みになるのか、逆に何が余分なものなのかが見えてくるでしょう。

②プランニング

現状が把握できたら、いよいよプランニングです。一例としてファミリーガバナンスを契約をもって設計する場合を前提に、解説します。

まずは、ファミリーが時代を超えて大事にしたい価値観を明文化しましょう。ファミリー憲章（61ページ参照）と呼ばれる、ファミリーのなかで最も上位に位置する、いわば憲法にあたるものを作ります。

次にファミリー憲章を具体化し、法的な効力をもたせるためのルールとしてファミリーガバナンス契約（65ページ参照）を作ります。こちらは、憲法に対し、いわば法律です。より具体的で細分化されたルールをイメージして下さい。

さらに、ファミリーガバナンスを法的に実効化するのに必要となる契約

書類を作成します。これらの契約の運用解釈は、ファミリー憲章に基づく
ものとされることが基本ですから、何はともあれ、ファミリー憲章の作成
が根幹をなすといえるでしょう。

　特にファミリーガバナンス契約をはじめファミリーガバナンスを法的に
実効化するのに必要となる契約書類のドラフト作りには、早い段階から外
部の専門家に関与してもらいましょう。その法的有効性に争いが起こらな
いようにするとともに、検討するべき内容について的確にアプローチする
ためです。ドラフトまでのプロセスは、何度も中心メンバーが議論し、検
討を重ね、専門家の意見やアイディアを取り入れ、作り上げるため、この
プロセスにはおおよそ1年くらいの期間を要するものと考えましょう。財
産の所有について信託の法的枠組みを使うか否かの検討も、この段階で行
う必要があります。

　この基本となるドラフトには、下記のようなものを定めます。

・ファミリーガバナンスの目的

・ファミリーメンバーの定義

・ファミリーメンバーの使命

・機関の設置及び権限

・信託に関する条項（財産を信託する場合）

・ファミリー内で紛争が起こった場合の対応方針

・ファミリーメンバーが契約に違反した場合の罰則

・契約の変更及び終了

これらのドラフトができあがったら、次に契約当事者であるファミリーメンバーの承認を得る必要があります。契約である以上、反対の意思をもつ者を無理に契約させるわけにはいきませんので、十分に説明し理解を得る必要があります。また、ファミリーガバナンスの構築にあたっては、これに加わることでどういったメリットがあるのか、動機付けになる仕組みをガバナンスのなかに組み込むため、ファミリーガバナンスに加わることに消極的なメンバーについては、こういった点を説明し承認を得るようにしましょう。

③運用開始

いよいよ、ファミリーガバナンスが動き出す段階です。

具体的にファミリーガバナンスの取り決めが運用されるには、それを実現する会議体を設ける必要があります。このために、ファミリーオフィスを設けます。ファミリーオフィスは、ファミリー総会やファミリー執行委員会を設置し、ファミリー憲章やファミリーガバナンス契約が有効に機能するよう運用します。それら会議体は定められた権限に基づき、ファミリーの財産を管理運用し、次世代に承継させていくことが求められます。また、それらは定期的な会議をもち、環境に応じて税務対策や資産運用に関する意思決定を行います。子息・子女の教育や医療、趣味といった非財務の面でもファミリーの永続的な繁栄とメンバー個々人の幸せのために機能することが求められます。もちろん、その実効性を高めるためには、弁護士、税理士、医師、教育者など、ニーズに適した専門家が参加することで、ファミリーオフィスは総合的に機能することとなります。

第5節

ファミリーガバナンスの構成要素

　ファミリーガバナンスは、ファミリー内の価値観の統一や利害関係の調整のために機能するもので、家訓などの法的拘束力のないものも含みます。ここでは、ファミリーガバナンスを構成する要素をいくつかご紹介します。

　基本的に法的拘束力をもたないファミリー憲章（１）を作成したら、ファミリー憲章の精神を具体化し、これに法的な効力を与えるべく、一族間のルールであるファミリーガバナンス契約（２）を作成します。そして、個別の法律関係次第ですが必要に応じて追加の法的仕組み（３～８）やファミリーリスクに対処するための個別の仕組み（第Ⅱ部第２章「ファミリーガバナンスの個別問題　―法務編―」をご参照下さい）を組み入れて、法的な実効力のあるファミリーガバナンスを構築していきます。

1．ファミリー憲章

　ファミリー憲章とは、ファミリーにおいて最も上位に位置する決まりごとであり、いうなれば憲法にあたる存在です。ファミリーガバナンスを構築する際は、ついつい法的枠組み作りに重点を置きがちですが、ファミリー

憲章はその上位に位置する精神条項であり、すべてのファミリーガバナンスに影響を及ぼすものです。このため、十分に時間をかけヒアリングを重ね、作り上げるといった作成プロセス自体が重要です。ファミリーの理念や価値観などを文書化し、ファミリービジネスを営んでいる場合には、ファミリーとビジネスとの関係に踏み込んで設計します。ファミリーメンバーが行動するとき、意思決定をするときの指針となるようなものと考えられるでしょう。

　性質的に、一度定めたら変更することは想定されていないため、長くファミリーで尊重できる普遍的なものであることが望まれます。

　設計にあたっては、中心的ファミリーメンバーがファミリー内のコミュニケーションを十分に図り、作ることとなります。ファミリー憲章は、基本的に法的拘束力をもちませんが、その作成によって、ファミリーの憲法としての意義を達成できるような作りにする必要があるため、検討段階から専門家に関与してもらう方が効率的でしょう。倫理上の拘束力をもたせることで、事実上の強制力があるものにすることも可能です。例えば、ファミリービジネスに参加できるファミリーメンバーの倫理的ルールを定め、ファミリーがそのルールを遵守しなければビジネスへの参加権が与えられないとする場合などです。

　とはいえ、基本的に法的拘束力のないファミリー憲章を、有意義なものとするためには、中心的ファミリーメンバーだけでなく、ファミリーメンバー全員が、このファミリー憲章作りに参加することが望ましいでしょう。特に3代目ともなれば、それぞれ違う家で育っていますから、なかなか踏み込んだところまでお互いを知らなかったりもします。このファミリー憲章作りにファミリーメンバー全員が加わり、相当期間にわたり議論を重ねることにより、お互いのことをより深く知ることができ、ファミリーの結

束がさらに強まることも期待できます。

　また、ファミリー憲章を作成した当事者世代だけでなく、次世代以降にもファミリー憲章が理解され遵守されることが重要です。そのため、ファミリー憲章作成後は、ファミリー会議などを通じて、継続的に内容を啓蒙し、浸透させる必要があります。

　ファミリー憲章では下記のようなことを定めます。注意点としては普遍的なものにするため、細部まで作り込まないことです。細部の定義は別途ファミリー憲章の細則を設けたり、ファミリーガバナンス契約で行います。

【ファミリー憲章で定めることの具体例】

・尊重する価値観

・遵守すべき行動規範

・ファミリーオフィスの運営ルール

・運営体のメンバー選出ルール

・ファミリービジネスへの就業方針

・事業承継のルール

・資産承継のルール

・ファミリー内の紛争への対処方針

・社会貢献の方針

・子息、子女の教育方針　　など

　ファミリー憲章の細則とは、ファミリー憲章の内容を、具体化するために細分化したものです。

例えば、ファミリー憲章において事業承継のルールとして「ファミリーメンバーで成人年齢に達した者のうち、ファミリーメンバーが認める優れた能力をもつ者を事業承継者とする」と規定してあった場合に、細則ではより具体的に、「認める」「優れた能力」とはどういったことなのか、などを定めます。

【ファミリー憲章とファミリー憲章の細則の関係】

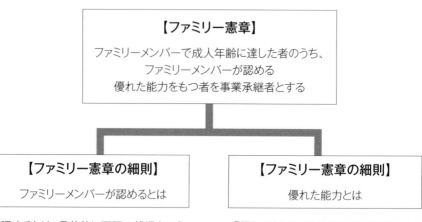

ファミリー憲章の細則では、憲章やファミリーガバナンスの仕組み作りに関与しなかった未来のファミリーにもその精神を浸透させる仕組みを作っておくこともできます。未来のファミリーに愛着をもってもらわなければ、これらを遵守することの意義や有形無形の資産をさらに次の世代へ大切に残していく意義も感じられず、憲章やファミリーガバナンスの仕組みは形骸化してしまうからです。

そのために、これまでのファミリーの歴史やここまでの財を築いた経緯、

そこから得られた教訓などを交え、細則として文書化します。こうすることで、未来のファミリーが自らのファミリーをより身近に感じ、理解を深めることができるため、憲章ひいてはファミリーガバナンス全体が効果的に遵守されていくことになります。

また、ファミリー憲章の細則はファミリー憲章と違い、具体的な定めですから、時の経過や環境変化に対応して、見直していく必要があります。変化に対応できない硬直化したものでは、ファミリーを束縛するだけのものになりかねないからです。ただし、あまり短期間で不定期に変更を繰り返すようでは、ファミリー内の指針としての機能を損ねてしまうため、好ましくありません。あらかじめ、時期を定めて定期的に見直しを検討するよう、定めておくとよいでしょう。

2．ファミリーガバナンス契約

ファミリーガバナンス契約は、ファミリーの「法律」に相当する規範です。契約の形式を取るもので、ファミリーの事業や資産に関する管理・運用・保全・承継について、法的拘束力を有するルールとして構想されます。

内容は様々ですが、会社の円滑な経営や親族間の紛争防止等を主な目的とし、メンバーが現在または将来保有する会社の株式の取り扱いや、後継者の選定、会社運営のあり方などを定めたり、法律上与えられた権限に一定の歯止めやルールを設ける内容が想定されます。

ファミリーガバナンス契約の作り込みにあたっては、微妙な利益調整や決断が求められることもあります。例えば、ビジネスとファミリー個々人の利益が衝突する場合の優先関係またはバランスの取り方や、後継者における柔軟な意思決定の尊重と後継者における暴走・私物化抑止といった対

立する要請のバランスの取り方など、考慮すべき事項は多岐にわたります。

　以上のような考慮事項やバランスの取り方に注意しつつ、ファミリーガバナンス契約では下記のようなことを定めます。

【ファミリーガバナンス契約で定めることの具体例】
・意思決定の判断機関（ファミリー合議体）とプロセス
・ファミリーの一般的義務
・後継者の指定、変更、欠員処理
・役員等の選任及び解任のプロセス
・役員報酬の支給基準
・株式の譲渡禁止、売却請求権、取得請求権等
・制裁条項（実効性確保措置）　など

3．任意後見契約

　高齢化に伴い、日本の認知症患者の割合は年々増加しています。富裕層ファミリーにおいては、認知症の問題は当然起こり得るリスクとして、ファミリーガバナンスのなかに対策を組み込んでおく必要があります。判断能力が低下すると、ファミリービジネスを営む富裕層の場合は、経営する会社の株式について議決権行使ができない、または無効となるなどの問題が生じます。議決権の大半を有するオーナーにこのような問題が生じると、株主総会における意思決定ができない事態に陥り、会社経営に重大な支障をきたす可能性があります。

富裕層は多くの関係者を有しますから、判断能力が低下した場合の備え
をきちんとしておく必要があります。

後見制度としては、法定後見制度がありますが、これは対象者に判断能
力の低下が生じた後に、家庭裁判所が後見人を選任する制度であり、オー
ナー自身が後見人を選定することはできません。後見人の職務は被後見人
の財産管理などであるため、後見人がついてから先は、被後見人の財産を
減らすような行為は、原則としてできなくなります。問題になる代表的な
ものとしては生前贈与などの資産承継対策が原則としてできなくなること
です。また、被後見人が会社オーナーの場合は、議決権行使も法定後見人
に委ねられるため、認知能力がしっかりしていた頃の被後見人の考えなど
が適切に反映されるか否かは不確定です。そのため、富裕層にもしものと
きのガバナンスとしては適切ではない面があります。

これに対し、任意後見制度は、判断能力が低下する前に、判断能力が低
下したときに備えて、自身で後見人を指定し、その後見人に行ってほしい
ことを委任しておくことができる制度です。判断能力に問題がなかった頃
の被後見人の考え方や意思、様子や事情を知っている者を後見人として指
定することができる点は、ファミリーガバナンスにおける対応として大き
なメリットといえるでしょう。

4. 財産管理委任契約

財産管理委任契約とは、財産管理に関する事柄などについて、受任者に
委任する契約をいいます。受任者は、特別な資格は必要なく、家族であっ
ても構いません。

後見制度と違い、判断能力の低下を前提としていないため、財産管理に

自信がない、もしくは病気や事故により身体的に財産管理に支障が伴う、といった場合にも利用することができます。また、財産管理だけでなく、入院の手続きや福祉サービスの利用手続き、支払いなどを代理で行ってもらうこともできます。

契約の形式は特に定めはなく、財産管理などの内容や期間は、委任者の意思を反映して決めることができます。ただし、公的機関が何も絡まない、民ー民契約ですから、後でトラブルにならないよう、専門家を交えて契約を締結することが望ましく、公正証書で契約書を作成する富裕層が多いようです。

財産管理委任契約は、任意後見制度とセットで利用されるケースが増えています。判断能力に問題がない間は、財産管理委任契約を利用し、判断能力が低下した後は、任意後見契約へ移行するといった具合です。

いずれにせよ、委任契約は委任者と受任者との間の信頼関係が成立していてこそ、成り立ちますので、受任者が家族であれば、ここでもファミリーガバナンスが有効に機能していることが重要となります。

5. 民事信託

民事信託は、委託者、受託者、受益者の三者が登場する契約です。委託者が自身の財産を受託者へ委託し、受託者はそれを信託の目的などに従い、管理、処分し、発生した利益を受益者へ分配する仕組みです。

例えば、委託者である父が、受託者を息子とし、受益者を自分自身とする信託契約を締結したとします。信託する財産は、ファミリービジネスの株式です。信託契約を締結すると、その時点で株式の名義は委託者である父から受託者である息子へ移りますが、経済的メリットを受ける受益者が、

委託者である父のままであり、税務的には、株式（株主の地位）が移ったとしても課税関係が生じたとはみなしません。

委託者である父に「指図権」を留保することにより、受託者である息子は委託者の指図に従い、株式に係る議決権を行使します。配当などの経済的な利益は委託者である父へ入ります。

この信託契約を締結し数年後、委託者の判断能力が低下したとします。信託契約において、判断能力の低下を議決権行使の指図権移転の条件としておけば、その後の株式に係る議決権行使は、受託者である息子が引き続き行いますから、事業経営に支障をきたす恐れはありません。

不動産オーナーの場合も同様に、委託者の判断能力が低下した際でも、不動産の管理運営は既に受託者へ委ねられているため、不動産経営に支障をきたす恐れを回避できるのです。

また、後見制度では、後見人は被後見人の利益・資産を守ることが使命であるため、後見人がついた後は、収支管理や財産処分に自由は利かなくなります。一方、信託においては、信託契約に定めた信託の目的とその内容に応じて、受託者が信託財産の処分や組み替えを行うことが可能であり、後見制度に比べ、柔軟な財産管理が可能です。また、遺言の代わりに信託を利用することも可能ですし、ほかにも遺言の内容に信託を組み込んで死後の遺産のあり方も管理できる柔軟な遺言を作成することもできます。

さらには、信託と任意後見制度を併用することも考えられます。例えば、株式や不動産などの主要なビジネス財産だけを信託財産として信託契約のなかに組み入れ、それ以外の財産については任意後見制度を利用するなどの方法が選択肢として考えられます。

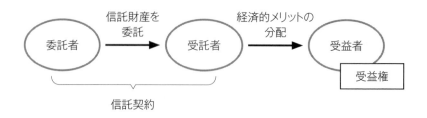

6. 遺言

　多様な財産と関係者をもち、影響力も大きい富裕層にとって、遺言を書くことは必須です。遺言は、死を連想するためか、日本では忌避されてきた経緯があります。しかし、遺言は、法的要件を満たせば基本的にそのとおりに遺産が分割される法的効力をもった文書です。欧米では、自身の財産の行方に責任をもち、また自身の意思を反映するために、判断力や決断力が明晰な年頃から遺言を作成することが一般的です。

　昨今では、日本の若い成功者の方々が積極的に遺言を作る例が増えています。それは、自身が遺言なくして急に死亡した場合の、周囲に与える影響力の大きさと、配偶者や子供にかける負担の重さを理解しているからです。

　遺言の作成には、ある程度の時間がかかります。所有する財産の洗い出しや評価が必要ですし、何より分け方を決めるのに多くの時間を要します。財産の大半をファミリービジネスの株式が占める場合などは、将来の安定的な経営を考慮しつつも、後継者以外の相続人に対する遺留分についても手当てを検討しなければなりません。

　遺言は、生前に十分に時間をかけ、相続税の節税や納税資金の問題も検討できる点から、富裕層にとって大きなメリットがあります。何より、遺言がない場合は、相続人全員で遺産分割協議を行い、遺産を分けなければ

なりません。

　財産額で見て均等に分ければ、そのまま相続人が納得するとは限りません。価値観は人それぞれですから、「ファミリービジネスの経営に関与するつもりはないし、非上場会社の株式は市場で売れるわけでもないから、現金がほしい」という相続人もいるでしょう。「不動産は面倒だから現金がほしい」という価値観の相続人もいるでしょう。また、被相続人への貢献度によっても「均等では到底納得がいかない」という相続人が出てくるでしょう。均等に分けようと思ってもこれだけの意見の違いが出るリスクがあるのですから、ファミリービジネスの株式を後継者が集中的に相続しようなどとした場合には、どうなることでしょうか。

　遺産分割協議は、相続人全員の意見が一致しなければ、裁判所における調停、審判で決着をつけなければなりません。一人でも反対する者がいれば、一人でも行方不明の者がいれば、解決は長引くばかりです。相続税の申告期限は相続開始後10ヶ月ですから、遺産分割協議が調わなければ、受けられるはずの特例が受けられず、当初申告で多額の納税が必要になる可能性もあります。何より、裁判になれば、互いに主張をぶつけ合いますから、相続人の関係は修復不可能なまでに壊れる可能性があり、ファミリーガバナンスに重大な影響を与えることとなります。

　ファミリーガバナンスが世代を超えたファミリーの繁栄と幸せを目的とするならば、富裕層は自身の意思を遺言という形で残すことが必須であり、それが強固なファミリーガバナンスの一要素となるのです。

7. 夫婦財産契約（婚前契約）

　夫婦財産契約は、夫婦となろうとする二人が、婚姻届を提出する前に、

夫婦間の財産関係について別段の契約をすることをいいます（民法755条）。夫婦の財産関係は、原則として法定財産制によります。夫婦は収入その他の事情を考慮して婚姻費用を分担し、日常家事債務を連帯して負担し、片方が婚姻前から有する財産などの特有財産は単独で所有し、夫婦のどちらに属するか明らかでない財産は夫婦の共有と推定されます。この婚姻費用の分担や互いの財産の帰属などについて、互いの合意により別段の定めをするのが夫婦財産契約です。欧米ではセレブを中心に普及しており、近年は日本の富裕層の間でも注目を集めています。

　婚姻は、ファミリーの外部の人がファミリーになることを意味します。逆にいえば、離婚により、再びファミリー外部の人になるわけです。先述のとおり、厚労省の調べによると3組に1組が離婚をする時代であり、離婚による家族関係の解消は起こり得ることとしてファミリーガバナンスを構築する必要があります。

　離婚は個人としてもファミリーとしても、財産を大幅に毀損する要因の一つです。場合によってはファミリービジネスさえも毀損し、ファミリー全体が複雑かつ深刻なダメージを受けることもあります。そのダメージを最小限にし、想定される範囲内に収めるため、入籍前に夫婦財産契約を締結します。その内容は、スリーサークルモデルのどの領域に属する者の婚姻なのかに応じて変わるため、その属性に注意した契約の作成が重要です。

8. 株主間契約・種類株式・属人株

　株主間契約とは、一般的に、ある特定の会社の複数の株主が締結する契約で、株式の譲渡や会社経営の基本方針などについて、取り決めをするものです。ジョイントベンチャーなどの運営では株主が足並みを揃える必要

があるため、設立に際し締結する例が多くみられます。株主間契約は、契約当事者間において有効であり、会社に対しては効力をもちません。

　株式の権利にまつわる制度としては、ほかに種類株式や属人株が挙げられます。種類株式の導入によって、配当、残余財産分配や議決権に優先または制限を設けるなど株式のもつ権利に強弱を作ることが可能です。また属人株は、非公開会社において、配当、残余財産分配や議決権に関し、特定の株主について異なる内容を定められるものです。種類株式や属人株はその株式の権利内容そのものを定めるものであって、契約に比して拘束力が強く、その分後世への承継の際にも便利なのですが、一方で種類株式は法定されている９種類の内容でしか発行することができず、属人株も３種類の内容しか定めることができません。

　これら種類株式や属人株に対し、株主間契約は、契約当事者間の自由意思による合意で成立するため、基本的には柔軟な内容を盛り込めます。会社法上の手続きも不要であり、契約当事者間の合意により成立し、変更も可能です。この株主間契約を、ファミリーガバナンスを構築する要素として利用します。ファミリーが所有するファミリービジネスの株式の扱いはファミリーガバナンス契約等で定めることも可能です。ファミリーガバナンス契約は、少数株主リスクだけでなくあらゆるファミリーリスクに備えるものであるため、ファミリーリスク全体を捉えた包括的なガバナンスを効かせることができます。すなわち、少数株主リスクもファミリーリスク全体のその一部と位置付け、その対策をシンプルに会社法上の論理だけでなく、ファミリーの要素を反映させてファミリーガバナンスとして機能させることができます。例えば買取請求権の発生事由や譲渡代金の設定について、純粋な株主間契約では通常定めないようなファミリー間の事情を反映させることができます。具体的にはファミリー憲章の特定の条項に明白

に違反した場合には当時の取得価額での買取請求権が生じるものとする、といった取り決めなどが可能です。ファミリーが守らなくてはいけない株式所有や会社統治のルールを定め、それに違反した場合には契約により株主としての立場を失うような取り決めも可能な、法的拘束力をもつ契約です。

　作成においては、ファミリー内に潜在する対立関係や懸念事項を掘り起こし、これらについてどのような対策が準備できるか検討していきます。ファミリーの意に沿わない者を追い出す仕組みではなく、ファミリー全体で永続していくための利害調整の機能を、あらかじめ備えておくための仕組みです。

9．ファミリーオフィス

　長い時間と労力をかけて構築したファミリーガバナンスも、作っただけでは意味がありません。これをファミリー内に浸透させ、皆の共感を得られないと機能しないのです。そのためには、ファミリーガバナンスをファミリー内に共有するための「運営者」として何らかの集合体が必要です。これがファミリーオフィスです。ファミリーの規模が大きい場合やファミリービジネスを営んでいる場合には、資産管理会社にファミリーオフィス機能をもたせ、ファミリーの財産を総合的に運用するなどの方法をとることも考えられます。また、弁護士や税理士、運用のプロなどの外部の専門家集団がそのファミリーのためのファミリーオフィスとして機能することもあります。

　こうしたファミリーオフィスも、ファミリーガバナンスの重要な構成要素の一つです（詳細は第2章「ファミリーオフィス」を参照）。

10. その他ファミリーリスクに備えるための 個別的な仕組み

　第Ⅱ部第2章「ファミリーガバナンスの個別問題　—法務編—」で解説するように、富裕層ファミリーには、遺留分、財産分与や資産流出リスク、事業承継問題など、富裕層ファミリーが直面する典型的なリスク（ファミリーリスク）があります（Q1・196ページ及びQ2・201ページ参照）。

　ファミリーガバナンスは、ファミリーの発展のための仕組みであり、その内実にはファミリーリスクを予防するという意義があります。ファミリーガバナンスの取り組みは、ファミリーガバナンス契約といったようなあらゆるファミリーリスクに備える全体的な取り組みのほかに、個々のファミリーリスクに対応した個別の取り組みもあり、これも重要なファミリーガバナンスの構成要素です。

　個々のリスクに対する個別的な仕組みについての詳細は第Ⅱ部第2章「ファミリーガバナンスの個別問題　—法務編—」をご参照下さい。

第6節 ファミリーガバナンスの変更・終了

1．ファミリーガバナンスの変更

　ファミリーガバナンスには、時の経過や環境の変化とともに、ファミリーにとって不具合な部分やなじまない部分が出てくることが否めません。どんなに作り込んだファミリーガバナンスであっても、経済状況や税制改正などの各種変化に対応して修正できる余地を残しておく必要があります。硬直的な規律では、ファミリーメンバーにとって、ただの足かせとなってしまう可能性があるからです。ですから、ファミリーガバナンスの変更は、より時代にフィットし、ファミリーにフィットするものにするための、ファミリーガバナンスの成長であると思って取り組むとよいでしょう。

　ただ、ファミリーガバナンスの基盤となるような部分まで、容易に変更できるとなると、ファミリーガバナンスを構築した当初の目的が達成できない、または不明瞭になる恐れがあります。

　目的達成のための硬直性と時代に適した柔軟性とを併せ持つために、ガバナンスの規律体系をピラミッドに例えると、ピラミッドの上位の変更には厳格なルールを設け、下位へいくにつれ厳格さを緩めていく、というような「ガバナンス変更ルール」をあらかじめファミリーガバナンス内に設

けておくことが重要となります。最上位のファミリー憲章については、ファミリーメンバー全員の同意を必要とする、下位のファミリーガバナンス契約については、ファミリーメンバーの３分の２超の同意を必要とする、または日常的な運営ルールなどの変更については執行委員会メンバーの過半数の同意を必要とするといった具合です。既存のガバナンスに付加的に規則を設けるなどして変更するといった方法もありうるでしょう。

2．ファミリーガバナンスの終了

　ファミリーガバナンスの終了については、ファミリーガバナンスの目的に応じた規定を作っておくことが必要です。

　ファミリーガバナンスの目的が、「ファミリーの末代までの幸せ」であるならば、終了要因を設定することはなかなか難しいこととなります。反対に「孫の代までの繁栄」とするならば、孫の代になったときにいったんの終了要因が訪れます。その際は、孫の世代のファミリーメンバーで話し合って、ファミリーガバナンスを継続させるか終了させるか、決めてもらうという規定をあらかじめ作っておくこととなります。

　ファミリーガバナンスを終了させる場合の手続きは、ファミリーガバナンスの存続そのものに係る手続きですから、最重要の意思決定といえます。したがって、最も厳格な手続きを要するよう、ルールを定める場合が多いでしょう。すなわち、ファミリーメンバー全員の同意をもって終了する、といったルールです。

　ファミリーメンバーの全員一致で、ファミリーガバナンスが終了する場合は、その後、ファミリー内の利害調整を図る機能がなくなります。こういった重要な役割をファミリーガバナンスが果たしているのだということ

は、ファミリー憲章を通して後世にしっかり伝えていく必要があります。ファミリーガバナンスの終了について議論するときは、ファミリーガバナンスの役割やメリットなどを皆がきちんと理解している状態で検討できるようにしておくのもファミリーガバナンスの役目ですので、ガバナンス設定当初から組み込んでおきましょう。

　ところで、ファミリーメンバーの一人がファミリーガバナンスから脱退したいという場合もあるでしょう。これもそのメンバーにとってのファミリーガバナンス終了ですから、ここで触れておきます。

　ファミリーができるだけ同じ価値観をもてるよう、ファミリーガバナンスで統一を図るものの、個の集合である以上、求めるものが違うという人は出てくるものです。少しの違いであれば、わずかな調整で対応できるかもしれません。しかし、どうあってもそのファミリーガバナンスに属しているメリットを感じないであるとか、株式をすべて換金する必要に迫られたとか、精神的な問題で他のファミリーメンバーと付き合っていくのがつらいであるとか、色々な状況が考えられます。そうした場合に、ファミリーガバナンスには、無理にそのメンバーをファミリーに縛り付けておくことは望ましくなく、互いの幸せのためには、離脱を許すことも可能としておかなければならないでしょう。そうした柔軟性がなければ、ファミリーガバナンスはファミリーメンバーを縛り付けるだけの存在となり、皆が心から幸せを感じられない可能性が出てきます。そこで、こうした諸々の事情によりファミリーガバナンスから脱したいメンバーが現れた場合に備え、規定を制定しておくことが求められます。

　例えば、ファミリー全体で運用してきた金融資産などから、そのメンバーの分だけを切り取り、個人に戻す手続きや、株式の換金については、株式を自社で買い取るか、またはファミリーメンバーの誰かが買い取る手続き

について、定めておく必要があるでしょう。財源の問題もありますから、際限なく応じるわけにいかないことも想定されますので、その場合に脱退希望者のフラストレーションから新たな紛争が起こらないよう、考え得るあらゆる状況に対応したルール作りをしておくことが重要です。

第2章

ファミリーオフィス

第1節　ファミリーオフィスとは

第2節　資産管理会社との違い

第3節　ファミリーオフィスでの資産の集中管理と運用

第4節　ファミリーオフィスの組成

第5節　ファミリーオフィスの運営

第6節　ファミリーオフィスにおける
　　　　タックス・プランニングの重要性

第1節
ファミリーオフィスとは

第1章において、ファミリーガバナンスについてご紹介しました。富裕層にとって、後世まで財産とファミリーの幸福を継承するためには、ファミリーガバナンスの構築が必要不可欠であることがご理解いただけたと思います。

長い時間と労力をかけて構築したファミリーガバナンスも、作っただけでは意味がありません。これをファミリー内に浸透させ、皆の共感を得られないと機能しないのです。そのためには、ファミリーガバナンスをファミリー内に共有するための「運営者」として何らかの仕組みが必要です。これがファミリーオフィスです。

ファミリーガバナンスは「ルール」であり、このルールをファミリー内に浸透させ共有させるための運営者である集合体がファミリーオフィスという位置付けです。そのために、ファミリー会議体を運営する役割も担います。例えば、ファミリー会議として、主要ファミリーメンバーが盆暮れ正月に集まって、ファミリーガバナンスがうまく機能しているか、ファミリー内に利害対立が起きていないか、目下懸念される課題はないか、などの話し合いをします。こうした場を設けることで、ファミリーの皆がファ

ミリーガバナンスについて定期的に触れ、考えるということに意味がある
のです。

　ファミリーの規模が大きい場合やファミリービジネスを営んでいる場合
には、資産管理会社にファミリーオフィス機能をもたせ、ファミリーの財
産を総合的に運用するなどの方法をとることも考えられます。

　また、弁護士や税理士、運用のプロなどの外部の専門家集団がそのファ
ミリーのためのプロフェッショナルとして、ファミリーオフィスの一員と
して機能することもあります。

　いずれにせよ、ファミリーガバナンスを構築した世代が意図したことを、
次世代以降まで共感をもって親しまれるように、遵守されるように、伝え
ていく役割を担うのがファミリーオフィスといえるでしょう。

　具体的には、下記のようなことがファミリーオフィスの仕事となるで
しょう。

- ファミリーガバナンスを浸透させるために定期的な会合の場を
  もつ
- 財産を維持しつつ、後世へ受け継ぐためのタックス・プランニ
  ングを組み立てる
- ファミリーの財産を適切に管理運用する
- 財産を維持、増加させるための投資戦略をたてる
- ファミリーの名声や信頼の維持を図る
- ファミリー内外での紛争が起こる可能性に対し、事前に予防策
  をたてる
- 起こってしまった紛争については、解決策を講じる

- 後継者の教育や育成
- 取引先や交友関係の人脈や信用などの承継
- 病気に備えた医療体制　など

　このように、ファミリーにまつわる様々な問題に対処することが、ファミリーオフィスの具体的な仕事となります。ファミリーオフィスの仕事は多岐にわたり、運営者の知識だけでは対処できないことがあります。

　そのため、弁護士、税理士、医師、教育関係者、プライベートバンカーやときにはニーズに応じて美術商といった、外部の専門家をメンバーとして関与させることで、より実効性のあるファミリーオフィスを作ることが可能となります。

第2節

資産管理会社との違い

　ファミリーオフィスと似た概念で、資産管理会社というものがあります。両者は混同されがちですが、それぞれ明確に異なる役割をもちます。

　ファミリーオフィスは、前述のとおり、ファミリーガバナンスというルールをファミリー内に浸透させ共有させるための運営者としての役割を主とします。それと併せて、ファミリー全体のため、資産の運用や管理、ファミリー内の利害調整やファミリーに有益な情報やサービスを提供することを仕事とします。

　一方、資産管理会社は、個人が所有する不動産や株式などの財産を、保有し管理するために設立される会社をいいます。

　例えば、富裕層が個人で所有する不動産を、自己が設立した資産管理会社へ移転するという例でご説明しましょう。この移転により不動産は個人所有から法人所有へと変わります。すると、それ以降の不動産収入は、すべて個人ではなく法人へ入ることになります。これによる大きな効果は、主に3つ挙げられます。

　1つ目は、所得税節税の効果です。富裕層の場合、個人の所得税の税率が40%、45%と高くなってしまう方が多いものです。個人住民税10%も

合わせて、例えば55％の税負担の方が、個人所有の不動産を法人へ移すとします。そうすると、これまで個人へ入っていた移転部分の不動産所得が、法人へ移ります。法人の住民税も合わせた実効税率は約30％ですから、個人の所得税・住民税55％と比較しても25％もの税負担が軽減されるのです。

　2つ目は、所得の分散効果です。不動産所得は、不動産の所有者へ入ります。個人で不動産を所有していると、その所有者である個人に所得は集中し、高い税負担が課せられます。ところが、これを法人に所有させることで、不動産所得は法人の所得となり、ここから家族へ給与を支給することができます。例えば、この不動産の年間の所得が2,000万円だとします。個人で所有していると、その個人の所得が2,000万円ということになります。これを法人所有にし、配偶者や子供など複数人に、例えば4人に給与を支給するとします。話の簡便化のため単純に2,000万円の不動産所得を、家族4人で分けるとすると、1人当たりの所得は500万円です。日本の所得税は超過累進税率ですから、このように所得を複数人に分散することで、ファミリー全体として大きな節税が図れるのです。

　3つ目は、資産の蓄積抑制効果です。不動産を個人で所有していると、先の例で説明を続けますと、年間に2,000万円の不動産所得がその個人に貯まっていくことになります。これを法人所有にすれば、その2,000万円は以後法人へ貯まっていきます。もちろん、家族へ給与という形で分散すれば、家族に貯まっていくことになります。個人に貯まる財産は、10年後には2億円、20年後には4億円も違ってくることとなります。結果として、相続税の節税が図れることになります。また、家族が給与を大切に貯めていれば、相続が発生した際の納税資金として活用することができるため、一石二鳥といえるでしょう。

こうした効果が見込まれることもあり、富裕層の間では、資産管理会社が活用されています。相続が発生した際には、個別の財産ではなく、資産管理会社の株式を相続人が相続することとなりますので、遺産分割の面で簡易なのではないかということで、資産管理会社を作られる方も多いようです。

ともあれ、資産管理会社は節税を図りつつも個人財産の受け皿の性質を強くもちます。一方、ファミリーオフィスは、個人財産の受け皿としての性質だけでなく、ファミリーの将来にわたる繁栄を図ることを主業務とする点が、大きな相違点といえます。

また、ファミリーオフィスは、不動産や株式、現預金といった有形の財産だけでなく、ファミリーの名声や信頼、教養などの目に見えない財産も対象としており、この点もまた、資産管理会社との大きな相違点といえるでしょう。

第3節

ファミリーオフィスでの資産の集中管理と運用

　以上ご紹介したように、ファミリーガバナンスをファミリー内に共有するための「運営者」としての仕組みがファミリーオフィスです。ファミリーの規模が大きい場合やファミリービジネスを営んでいる場合には、資産管理会社にファミリーオフィス機能をもたせ、ファミリーの財産を総合的に運用するなどの方法をとることも考えられます。

　ファミリーオフィスへの資産組入と運用にあたっては、例えば重要な資産については生前または死亡時に組み入れて集中的に管理するものとし、これを運用して得られる収入をオフィス運営コストやファミリーメンバーへの報酬の支払い、ファミリーに必要な費用の支払いにあてられるように設計します。収支を適切に管理できれば、将来の相続時の納税負担を考慮しても、半永久的に継続させることが理論上可能となります。資産運用にあたっては外部の金融機関等の第三者から助言等のサポートを得ることを検討することになるでしょうが、その選定や運用方針については、トップの考えによって指針を与えることが可能です。例えば運用資産の〇％は〇というインデックス投資に限定する、などといったことが可能です。

　ファミリーガバナンスを維持・運営するにあたって、マイノリティのファ

ミリーのモチベーションを維持するという論点（51ページ参照）と同様、ファミリーオフィスに主要資産を組み入れるにあたってはそれがファミリーに利益のある仕組みであることが重要です。その一つとして、ファミリーオフィスに組み入れた資産を、ファミリーに必要な費用の支払いに用いることのできる仕組みが重要となります。

　この点では、ファミリーオフィスの資産は、トップが定める設計に基づいたファミリー内消費を可能とし、いかなるファミリーの範囲にいかなる支出や支援を可能とするかを定めます。これらは設計次第で自由に定められます。例えば、直系の子供とその家族を対象ファミリーとし、対象ファミリーに一定の事由が発生した場合には金銭給付を行うということが考えられます。「一定の事由」は自由に設計できますが例えば以下のようなものはファミリー全体にとって有意義なものといえるでしょう。

〈1〉セーフティネット
・疾病、結婚相手側の急逝、失業、天災地変等の発生や離婚により世帯年収○万円以下となる場合に、毎月○円を支給するなど

〈2〉教育環境や起業環境保障
・対象ファミリーの直系卑属の教育費用として公立学校における学習よりも相当程度高額な費用が発生する場合においてファミリーオフィスがその必要性を認めた場合などに、当該学費のうち○円を上限として必要額を支給するなど
・対象ファミリーが自ら起業しようとする場合において、その必要性と投資の相当性を認める場合に、相当額を出資するなど

〈3〉目指してほしいことへのインセンティブ付け

・海外の大学を卒業した場合には、○円を支給するなど

　金銭給付の方法は、法務・税務両面から検討することになります。例えば金銭貸付や役員報酬としての支給を組み合わせるなどといったことがあり得ます。時には贈与によることもあるでしょう。

　個人に一度に巨額の資産を帰属させると、浪費、使い込みで短期間で資産が無くなったり、教育や人生観への悪影響を及ぼしたりするといった問題も生じる可能性がありますが、ファミリーオフィスを用いた資産の集中管理の仕組みはこうした問題への対策としても用いられやすいでしょう。

　また、有形の財産だけでなく、ファミリー全体、またファミリーメンバー個々人がもつ無形の財産をも管理や運用の対象とすることも可能です。無形資産をファミリーオフィスで管理することで、個々人ではなし得なかった無形資産のより一層の価値向上を可能とします。例えば、人脈という無形資産を例にとりましょう。ファミリー全体として保有する人脈は、放っておけば時間とともに退化する可能性があります。ファミリーオフィスで、この人脈という財産を管理し、さらに広げる継続的な努力をすることで、ファミリーの価値はより向上していくでしょう。ファミリーメンバーの一人が有する人脈もファミリーオフィスで管理することで、ファミリー全体の財産となり得ますし、ほかの人脈とつながって思わぬ相乗効果を生み出すことも期待できます。ファミリーオフィスを作る意義は、こうした無形資産の保護や価値向上にもあるのです。

第4節
ファミリーオフィスの組成

　さて、具体的にファミリーオフィスを設立するには、どのように進めていったらよいのでしょうか？

　ファミリーオフィスという組織は、ファミリーメンバーの数や資産規模に応じて柔軟に組成します。ファミリーの規模がそれほど大きくなく、ファミリーガバナンスを構築した当初であれば、主だったファミリーメンバーが盆暮れ正月に定期的な会合をもち、ファミリーガバナンスの共有や浸透に努め、ファミリーの現況を把握、確認し、目下の課題について会議を行うといったスタイルでもこと足りるものと思われます。

　しかし、ファミリーガバナンスを有効に機能させ、ファミリーの将来にわたる安定的な発展を図るには、こうしたファミリーメンバーだけの定期的会合ではなく、法人化されたファミリーオフィスを用意することが望ましいでしょう。

　資産管理会社や持株会社が既にある場合は、そうした会社にファミリーオフィスの機能（無形資産の管理運用など）をもたせるといった方法が、最も簡単です。ファミリーガバナンスの運用に必要な、主要なファミリーメンバーには、この会社の株式を所有させるなどの整備も検討します。株

主となることで、ファミリーの重要な有形無形の財産を管理運用する会社に対する責任を自覚し、また自身の意見を反映させることが可能となるメリットがあるからです。

　複数の資産管理会社があり、それぞれの機能がよく分からなくなっているケースもありますが、こうした場合にはファミリーオフィス機能をもたせることを機に、一つの会社にまとめることも検討できるでしょう。ファミリーのなかで後継者が決まっている場合には、後継者の資産管理会社にファミリーオフィス機能をもたせることも検討できます。

　一方、まだ資産管理会社などを有していないファミリーの場合は、ファミリーの重要財産を所有させる資産管理会社を設立するとよいでしょう。その会社でファミリーの財産を総合的に管理し、効率的に運用するなどして、ファミリー全体の財産を増やしていき、無形資産についてもさらに価値を高めていくことが期待できます。

　なお、資産管理会社の株主構成については、リスク管理のため、ファミリー内で意見の対立が起きた場合でも、運営が停滞しないように、あらかじめ議決権の数や行使について十分な検討を重ねることが重要です。

第5節
ファミリーオフィスの運営

　運営にあたっては、ファミリーオフィスをより実効性の高いものとするため、弁護士や税理士、運用のプロ、教育や医療のプロなど、外部の専門家集団をファミリーオフィスのメンバーとして加えることが考えられます。ファミリーオフィスは、ファミリーのもつ有形無形の財産を、適切に管理運用し、増大させ、次世代に受け継ぐことが重要な役割ですから、投資戦略をたてる、税務対策を講じる、次世代に最良の教育を受けさせる、といったことが不可避となります。ここに専門家の力を投入することで、多角的かつ包括的な視点でファミリーオフィスを運営することができ、その結果、次世代につなぐ発展をもたらすことが可能となるのです。

　また、事務運営を担うファミリーの負担を考慮すべき場合には、運営事務は第三者に委託することも選択肢になります。具体的な事務運営の方針（名簿管理、招集方法、議事録作成・管理等）はファミリーオフィス導入時に明確に定めておきます。

第6節

ファミリーオフィスにおける タックス・プランニングの 重要性

　ファミリーオフィスの重要な仕事の一つに、タックス・プランニングがあります。

　日本において、これまでファミリーガバナンスの文化が醸成されてこなかった原因の一つは、日本の相続、資産承継、事業承継における税負担の大きさだといわれています。日本の富裕層は、承継の度に多額の税金を払ってきました。「金持ちは3代続かない」とはよく聞かれる言葉ですが、次の代そしてまた次の代まで続く繁栄を考えるより、日本の富裕層が「承継」において差し迫って検討しなければならないことは、節税対策であるという常識が歴然と存在してきたわけです。

　タックス・プランニングは、エステート・プランニングと大きな関わりをもちます。エステート・プランニングとは、タックス・プランニングを含む、資産やビジネスの承継計画の構築をいいます。自身が生きている間のみならず、その後も社会貢献やアートなどの趣味を広く世に広めたいなどの要望をもっている富裕層の方は多いものです。こうした、現在自身がおもちの財産だけでなく、後世にわたる要望をも次世代に受け継ぐためには、しっかりとしたエステート・プランニングが重要となります。

エステート・プランニングでは、どういう方針で、誰に、何を、どのタイミングで承継していくか、こういったことを構築しますが、いずれの場面でも大きな税負担が関わってきます。

例えば、ファミリービジネスの株式を贈与していく、資産管理会社の資産を組み替える、子供の数だけ資産管理会社を作り、そこへ資産を出資する、個人所有の不動産を法人所有にする、ファミリービジネスで営む事業を売却しスマート化するなど、どの場面においても、贈与税、所得税、法人税、消費税などの税負担が関係してきます。言わずもがなですが、最終的には、相続税に大きな影響を与えます。そのため、すべての角度で複数の税負担を考慮し、20年ほどの期間にわたる慎重なシミュレーションをする必要があります。こうしたシミュレーションから、トータルの税負担やキャッシュフローを確認し、実行する対策を選択するわけですが、ここから導き出される結果がファミリー全体の最適解となるように、エステート・プランニングを進めていく必要があるのです。

つまり、エステート・プランニングの構築は、タックス・プランニングなしではあり得ないのです。そのため、ファミリーオフィスは、税の専門家である税理士をメンバーとして、確かなタックス・プランニングをたてる必要があるのです。

確固たるタックス・プランニングを築いたら、それを礎にさらなるファミリーの発展へと歩を進められるでしょう。

第Ⅱ部

ファミリーガバナンスの
個別問題
（Q&A）

第1章

税務編

第1節　納税資金対策（Q1〜Q4）

第2節　資産承継対策（Q5〜Q11）

第3節　フィランソロピー（Q12〜Q15）

第4節　資産運用（Q16〜Q20）

第1節
納税資金対策

Q1 不動産オーナーに必要な戦略

 不動産オーナーがとるべき優先順位の高い相続対策を教えて下さい。

 不動産オーナーがまずクリアしておかなければならない相続対策は、納税資金対策です。

1．納税資金対策の重要性

　相続税の納税は、相続開始から10ヶ月以内に金銭で一括納付が原則です。不動産オーナーの場合は、土地を物納すればよいと考える方もいるかもしれませんが、延納、物納に係る法律が厳格化されたため、物納許可件数は平成3年には全国で42,206件あったのに対し、令和5年にはわずか16件と激減しています。物納を前提とせず、生前から将来発生する潜在

的な負債である相続税を把握し、納税資金を用意しておく必要があります。このように、相続、資産承継において、納税資金の確保は大変重要性が高く、優先順位が高い課題です。

不動産オーナーのエステート・プランニングで、最も問題となってくるのは、総資産に占める現預金の少なさであるといわれています。総資産額の多くを不動産が占めている不動産オーナーの場合、高い相続税額を賄えるだけの現金が相対的に不足してしまうのです。これは、相続時における納税資金の不足だけでなく、不動産承継者以外の相続人への遺留分などの支払いを検討する際の問題点となります。

そのため、不動産オーナーのエステート・プランニングにおいては、第一に納税資金の確保が重要となります。納税資金が足りなければ、不動産の一部を前もって売却するなどして、納税資金を作り出す対策が必要となります。

2．不動産オーナーの エステート・プランニングの手順

不動産オーナーは、まずは所有する不動産のリストを作成しましょう。代々続く地主などは、所有する土地が多すぎて、当主は把握していたとしても、後継者や家族がよく把握していないということもあります。後継者に所有する不動産の特性をよく認識させ、後継者である自覚をもたせる意味でも、早いうちに所有不動産のリストの情報共有をするとよいでしょう。

そして、その不動産から得られる収入や固定資産税などの経費が年間いくらなのか、収支を把握します。また、この段階で相続税の試算を行うことで、その不動産の相続税評価額がいくらなのか、それに対応する相続税

はいくらなのか、整理することができます。

　このように棚卸しをすると、不動産ごとの収益性などもおのずと把握できるという点もメリットです。

　同時に、どの不動産を誰に承継するのか、不動産をもらわない相続人とのバランスを考え、代償金や遺留分の検討をする必要もあります。納税資金だけでなく、こうした代償金や遺留分を支払うための現金も準備しなければなりません。

　そして納税資金等を検討した結果、不動産を一部売却せざるを得ないという結論に達した場合には、オーナーの生前に売却する不動産と、オーナーの相続開始後に売却する不動産を決めましょう。あらかじめ、オーナー自身が売却する不動産はもちろんのこと、相続開始後に売却すべき不動産を指定しておくことで、相続人が不動産の価値をよく分からないまま、ファミリーにとって重要な不動産を売却してしまうといった事態を防ぐことができます。

　また、相続開始後に売却する不動産については、測量や境界確定などを済ませ、権利関係の整理をし、すぐにも売却できる状態にしておくことが大切です。なぜなら相続開始後にこれらの売却準備を始め、さらにそれから買主を探すなどしていると、相続税の納税期限までに現金の調達が間に合わない可能性が高いからです。売り急ぎによる損失を被ることも考えられます。

　こうしたファミリー財産の毀損は、その後のファミリーの生活に大きな支障をきたす恐れがありますので、先延ばしにせず、充分な時間をかけて対策をする必要があります。

Q2 非上場会社オーナーがとるべき金庫株による納税資金対策

換金性の低い株式を有する非上場オーナーが納税資金を確保するための対策として、金庫株とはどのようなものでしょうか？

非上場株式等については、定期的に株価を算定して相続税を把握し贈与などにより承継を進めるとともに、生前に承継しきれなかった分についての納税資金対策としては、相続開始後の金庫株が活用できます。

　非上場会社の株式は上場会社の株式と違い、市場における換金性がありません。会社の歴史が長く業績がよい会社ほど、株価が大きくなっていて、非上場オーナーの総資産額の大半を非上場株式が占めていることも多く、高い相続税額を賄えるだけの現金が相対的に不足してしまうという特徴があります。こうした非上場オーナーの承継にあたって、納税資金を確保するための対策例の一つとして、金庫株をご紹介します。

1．金庫株とは
　金庫株とは、会社が発行済みの自社株式を株主から買い戻し、消却や譲渡をせず自社で保有している株式のことをいいます。自己株式の取得は、上場会社でも非上場会社でも活用される手法です。

2. 金庫株のダブル特例

　相続が発生した際、納税資金作りのために相続人が金庫株を活用すると下記の2つの特例をダブルで適用することが可能です。

①取得費加算の特例

　相続税を課税された相続人は、その「相続または遺贈により取得」した株式を相続開始日の翌日から相続税の申告期限の翌日以後3年を経過する日までの間に、譲渡した場合に、相続税の一定額を株式の取得費に加算することができます。

　被相続人が株式を取得したときの価額（取得費）に相続税の一定額を加算することができるため、譲渡益を減らすことができ、相続人の譲渡所得税の負担を軽減することができます。

②みなし配当課税の特例

　株式を金庫株で発行会社に譲渡した場合は、原則として譲渡対価が資本金等の額を超える部分については、みなし配当として総合課税が適用されるため、一般的な株式の譲渡よりも税負担が多くなる可能性があります。

　しかし、相続または遺贈により非上場株式を取得し、納付すべき相続税額がある個人が、相続の開始日の翌日から相続税の申告期限の翌日以後3年以内に、その非上場株式を発行会社に譲渡した場合には、その譲渡対価と取得費との差額のすべてを非上場株式の譲渡益とする特例制度があります。

　この場合には、株式の譲渡益として分離課税が適用されるため、20.315％の税率で課税が済むことになります。なお、2025年よりミニマムタックス（141ページコラム参照）が適用される場合があります。

3．金庫株の留意点

①財源規制

　金庫株については、会社の財政状態に悪影響を与えないよう財源規制があり、買い取りは会社の分配可能額を超えない範囲内に制限されています。分配可能額は、基本的には「その他資本剰余金」と「その他利益剰余金」の合計額となります。

②買い取り資金

　株式の買い取り資金を発行会社の運転資金から出してしまうと、今後の事業運営に影響を与える可能性があります。資金に余裕がない場合は、金融機関からの借り入れの検討も必要です。

③後継者の議決権割合について

　株主が複数いる状況において、後継者が相続した株式を金庫株にする場合は、その分だけ議決権の総数が少なくなるため、相対的に他の株主の議決権割合が高くなり、後継者の議決権割合が下がります。後継者の議決権割合が3分の2未満になると、株主総会特別決議を単独で成立させることができず、安定的な経営に影響を及ぼす可能性が考えられます。

　株式が分散している際は、納税資金のことだけでなく、経営権の確保のことも考え、会社に株式を譲渡する必要があります。

[例]

叔母　　　叔父　　　相続人　　　　　　　　叔母　　　叔父　　　相続人
株式　　　株式　　　後継者　　　　　　　　株式　　　株式　　　後継者
16%　　　16%　　　68%　　　　　　　　 20%　　　20%　　　60%

金庫株実施後の保有割合

32%	68%	
	48%	20%

40%	60%	自己株式

相続した
株式 20%

株式の保有割合が変わる

発行法人
後継者が相続した
株式の一部を買い取る

Q3 非上場会社オーナーが検討すべき事業承継税制

非上場オーナーの納税資金対策として、事業承継税制とはどのようなものでしょうか?

事業承継税制とは、会社や個人事業の後継者が取得した一定の資産について、贈与税や相続税の納税を猶予する制度です。

1. 事業承継税制の概要

　事業承継税制は、事業承継における莫大な税負担により、事業を続けることができず、倒産、廃業する会社や個人事業主を保護するために設けられており、納税資金の確保が難しい場合は、特に検討したい制度です。ただし、事業承継税制は、税金の免除や非課税の制度ではなく、あくまでも後継者の贈与税や相続税の納税を猶予する制度です。納税猶予を受けた後に適用要件を満たさなくなった場合には、それまで猶予されていた贈与税や相続税及び利子税を一度に支払うことになりますので、適用にあたっては事業継続性などを充分に検討しましょう。

　この制度は非常に大きな特例であるため、適用を受けるには多くの要件をクリアする必要があります。生前から要件を満たしていなければ納税猶予を受けることができませんので、先代経営者と後継者が要件を満たすように事前の準備が重要となります。

　事業承継税制には、会社の株式などを対象とする「法人版事業承継税制」

と、個人事業者の事業用資産を対象とする「個人版事業承継税制」があります。

2．制度の仕組み

①法人版事業承継税制

「法人版事業承継税制」は、後継者が非上場株式をオーナーから贈与（相続）により取得した場合に、一定の要件を満たすことで、承継した株式に係る贈与税（相続税）が猶予され、後継者の死亡などにより納税猶予額が免除される制度です。

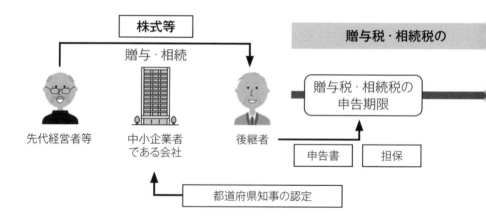

第1節 納税資金対策　109

| 納税が猶予 | 贈与税・相続税の免除 |

後継者の死亡等

税務署

②個人版事業承継税制

「個人版事業承継税制」は、後継者が先代経営者の個人事業を引き継ぎ、その青色申告に係る事業の継続など、一定の要件を満たすことにより、特定事業用資産に係る贈与税（相続税）が猶予され、後継者の死亡などによ

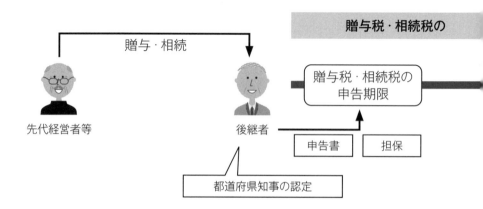

3．暦年課税制度と相続時精算課税制度との比較

　法人版事業承継税制も個人版事業承継税制も、贈与により納税猶予を受ける場合には、暦年課税制度と相続時精算課税制度のどちらかの制度により贈与を受けることとなります。しかしその後、納税猶予の適用要件を満たさなくなった場合には納税猶予が取り消され、その時点で、猶予されていた贈与税だけでなく、利子税も併せて納付することとなります。

　超過累進税率で課税される暦年課税制度は、相続時精算課税制度に比べ、猶予される贈与税額が大きくなるケースが多く、そのため猶予税額に応じて課される利子税も大きくなります。つまり、贈与財産額が大きくなるほ

り納税猶予額が免除される制度です。なお、不動産賃貸業などはこの制度の適用対象外です。

ど、相続時精算課税制度の方が、税額が少なく済み、利子税も少なく済むということになります。

　将来、納税猶予の取消事由に該当するリスクに備え、利子税も考慮して、贈与税の課税方法は相続時精算課税制度の選択を検討するとよいでしょう。

Q4 最近注目の新発想の納税資金対策

資産を減らすのではなく、増やす相続対策が最近注目されているそうですが、どのような対策でしょうか？

贈与や相続といった承継の場面における税負担の高さから、従来、日本の富裕層は財産の圧縮または減らすことに力を入れてきました。ところが、2024年1月1日から贈与税の制度が変わったこともあり、最近の日本の富裕層の考え方が、「圧縮」から「増やす」方向へシフトしてきています。具体的には相続時精算課税制度の活用が挙げられます。

1．次世代での資産運用の重要性

　富裕層は多くの財産を保有しているため、承継については早くから検討し実行することが重要であり、後々大きな差を生むこととなります。早い段階から子供へ贈与を始めたとしても、その現金を運用しなければ資産は増えていきません。将来の相続税の負担に備えるためにも、資産運用により計画的に資産を増やしていく必要があります。

　この際に、相続時精算課税制度を活用する方法が有利な手段として考えられます。

2．相続時精算課税制度とは

　相続時精算課税制度は、特別控除の2,500万円と基礎控除の110万円（年間）までは非課税で贈与ができ、それを超えて贈与をすると、贈与財産額に対し一律20％の税率で贈与税がかかる制度です。そして、相続時に、この制度を使って贈与した財産額（基礎控除は除く）がすべて相続財産に加えられ、相続税の計算対象となります。もちろん、支払った贈与税については二重課税にならないよう、相続税から控除されますが、この制度は、自身の相続財産を「減らす」という意味での相続対策としては作用しないため、従来の相続対策では、あまり利用されていませんでした。

3．制度の活用による資産運用

　ところが最近では、この相続時精算課税制度の活用がにわかに増加しています。自身ではなく次世代で運用するために資金を贈与し次世代で運用した場合、相続時に相続財産に加えられるのはあくまで贈与した財産の贈与時の価額である点がポイントです。次世代で増やした分（運用益）は次世代の財産となるため、相続税の課税対象とはなりません。

　また、相続時精算課税制度では、どんなに多くの財産を贈与しても、贈与時の贈与税率は20％と一定率で決まっており、超過累進税率である暦年課税制度と比べ、贈与税を支払った後の手残り資金が多くなります。そのため、次世代で運用に充てられる資金が多くなり、その結果、将来の運用成果に大きな違いを生み出します。

　将来の相続税の納税資金確保のため、また、この対策を活用しなかった場合の納税資金以上に稼げる仕組みを次世代に引き継ぐためにも、早くから次世代が資産運用をすることも検討するとよいでしょう。

【親が運用する場合】

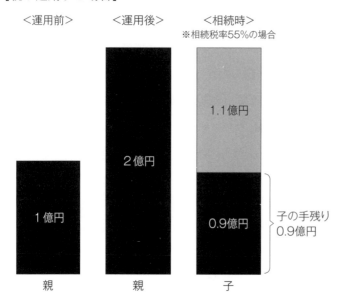

親が1億円を運用し、2億円まで財産を増やしたとします。相続時に相続税率55％が適用されるケースでは、2億円に対し1.1億円の相続税がかかるため、子の手残りは0.9億円となります。

【子が運用する場合】

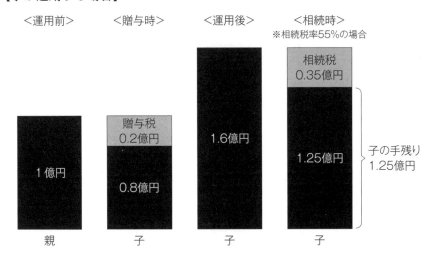

　相続時精算課税制度を利用し、親が1億円を子へ贈与します。子は20％の税率で0.2億円の贈与税（※）を支払った後の手残り0.8億円を運用し、これを1.6億円まで増やしたとします。相続時に相続税率55％が適用されるケースでは、親が贈与した1億円に対し相続税がかかりますから0.55億円の相続税が算出されますが、ここから贈与時に支払った贈与税0.2億円を差し引き、0.35億円を納付することとなります。そのため、子の手残りは1.25億円となります。

※　特別控除2,500万円と基礎控除110万円については計算上考慮しておりません。

第2節 資産承継対策

Q5 民事信託の活用例

民事信託の活用法にはどのようなものが考えられますか？

信託により、財産の名義人と経済的利益を受ける人を分離させることができ、自身の認知症対策、配偶者や親亡き後の財産管理、共有問題の回避などに活用できます。

　民事信託とは、信託銀行や信託会社が、事業として受託者に就任する商事信託とは異なり、信託銀行や信託会社が受託者として関与しない信託をいいます。民事信託のなかでも、親族などが受託者となる信託は家族信託と呼ぶこともあります。ただし、いずれも信託法などで規定されている用語ではありません（業として受託者に就任するなど信託の引き受けを行う

場合には、信託業法の免許が必要となります）。

　信託には、「委託者」「受託者」「受益者」という、３人の当事者が登場します。委託者は財産を託す人、受託者は財産を託される人、受益者は財産から生じた成果の給付を受ける人です。通常は、信託契約により、委託者が受託者に財産を託すところから始まりますが、いくつか活用例をご紹介します。

1. 自身の認知症対策

　自身の財産管理能力に不安がある場合などに、例えば信頼できる長男を受託者にして、財産を託すことができます。

　この場合、委託者兼受益者は本人となり、本人と長男との間で信託契約を組成します。財産の名義人は長男に移転し、取り決めによっては長男の判断で財産の管理のみならず売却等も行えるようにすることも可能です。認知症になってしまうと、スムーズに賃貸物件の修繕を行うことができないことや、老人ホームの入居金捻出のための不動産売却ができないことがありますが、財産が受託者名義になっていれば解決できます。

　長男はあくまで親の財産を預かって管理をしている状態のため、名義は移転しても贈与税はかかりません。もちろん、親から預かった信託財産と自分の固有財産とは分別管理をすることが必要です。また、信託の設定段階で、本人死亡後に信託を終了させ、この権利を誰に承継するか決めておくことも可能です。これを遺言代用信託と呼びます。

　信託設定にあたっては、委託者が受託者との間で信託契約の締結などを行う必要があります。認知症になり判断能力が衰えてしまってからでは、そもそも法律行為自体を行えないため、信託設定ができない可能性がある

ことには注意が必要です。

2．配偶者や親亡き後の財産管理

　自身の認知症対策のほか、自分の死後、残された高齢の配偶者や子供の財産管理能力について不安なケースでも信託の活用ができます。

　上記1のケースで、信頼できる長男を受託者とし、自分の死後も信託を終了させず、次の受益者に配偶者や財産管理能力に不安がある子（長男から見ると兄弟）を指定します。相続で直接財産を取得すると、原則として取得した相続人自身が財産管理を行う必要がありますが、信託の場合、相続で取得するのは信託の受益権となるため、財産の名義人は引き続き長男のままとなり、長男が財産管理を継続します。受託者である長男の判断により、受益者が必要となる額を、信託財産から金銭などで給付していくことが可能となります。受託者である長男には財産管理や金銭の給付などの一定の負担が生じますが、事前に契約で定めることにより、信託財産のなかから信託報酬を受け取ることもできます。

3．共有問題の回避

　円滑な事業継続のためにも不動産や自社株の共有は避けたいところですが、財産の大半を不動産や自社株が占める場合、「共有にせざるを得ない」というケースがあります。

　しかし、不動産を共有とする場合、譲渡、建て替え、担保設定など全共有者の同意がないとスムーズに進まず、意見が割れると有効な資産活用ができなくなるリスクがあります。また、自社株に関しても、持株や議決権

割合に応じて株主の権利が存するため、少数株主とはいえ、敵対的な株主が現れると、円滑な事業運営に支障が出ます。

このような場合にも、信託が活用できます。不動産や株式を「現物」で分散させるのではなく、あくまで「信託受益権」で承継させていくのです。まだ分散されていない状態であれば先に財産を信託して財産を受益権化しておき、信託契約や遺言で受益権の承継先を指定することが可能です。もちろん、贈与で受益権を移転することもできます。

また、既に兄弟間で共有となって分散している状態であっても、現共有者間で同意できるのであれば、この段階で一つに信託設定をし、今後は各自受益権を保有してそれぞれが子供などに承継させていくことも可能となります。兄弟間であれば何とか顔が見えて話ができる関係であっても、次世代に財産が移転し、甥姪や従兄妹同士の関係になると円滑な財産管理に支障が出ることも想定できます。それぞれが「現物」の財産をもたず「受益権」をもつことで、名義人である受託者が財産のコントロールをし続けることが可能となるのです。

受託者には、注意義務、忠実義務、分別管理義務、帳簿作成・報告義務等があり、分散した受益者の信頼に応えていくことが求められますので、信託が長期間に及ぶことが見込まれる場合には、自然人が受託者になるのではなく、相続とは無縁の一般社団法人等を設立して受託者にすることも検討できます。

Q6　民事信託の課税関係

民事信託の設定時、相続時、信託終了時にはどのような課税関係が発生するのでしょうか？

財産の名義ではなく、受益権がどのように移転していくかで課税関係は判断されます。

1．信託税制の基本的な考え方

　信託の設定により、財産の名義人は委託者から受託者に移転しますが、税務上は、財産から生じた成果の給付を受けるという経済的価値をもつ受益者を財産の所有者とみなします。

2．信託の設定時

　委託者＝受益者の信託を自益信託と呼びます。自益信託においては、経済的価値の移転はないため、信託設定時に課税関係は生じません。
　一方、委託者≠受益者の信託は他益信託と呼びます。適正対価の支払いなしで、委託者から受益者へ経済的価値が移転する場合には、贈与税（死亡を基因とする場合には、相続税）の課税が生じます。

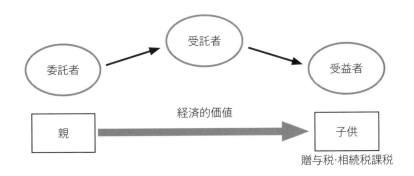

3．信託期間中の相続発生

信託期間中の相続発生等により受益者が変更され、受益権が新受益者に移転することがあります。下の図のように、受託者を子供にしたまま、生前に受益権を孫に移転すれば贈与税が、死亡を基因として受益権を孫に移転すれば相続税が、それぞれ孫に課税されることとなります。

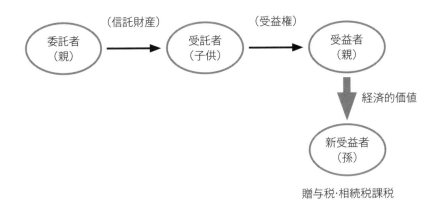

4．信託終了時

信託が終了した場合、信託財産の名義は、受託者から信託契約で定めた

「帰属権利者」へ移転することとなります。

　信託終了直前の受益者と帰属権利者が一致する場合には、財産の名義は受託者から帰属権利者へ移転するものの、信託終了による経済的価値の移転はないため、贈与税や相続税の課税は生じません。自益信託設定後、何らかの事情により信託を合意終了し、名義を元に戻すケースなどが該当します。

　一方、信託終了直前の受益者と帰属権利者が異なる場合では、帰属権利者は何の負担もなく財産を手に入れることになりますので贈与税（死亡を基因とする場合には、相続税）の課税が生じます。

　下の図のように、委託者である親から受託者の子供へ名義を変えた段階では、自益信託であるため子供に課税は生じませんが、このケースでは信託が終了した場合、財産の名義は受託者である子供から帰属権利者である子供に移転します。信託終了直前の受益者は親であったことから、この段階で子供に贈与税（死亡を基因とする場合には、相続税）が課税されることとなります。

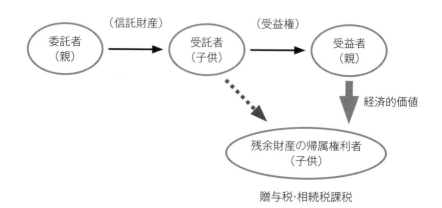

Q7 配偶者居住権の活用例と相続対策

夫亡き後、妻の住まいと老後資金をともに確保する方法はありますか？

生存配偶者の住まいを確保する方法としては、2018年の民法改正により創設された「配偶者居住権」という制度が活用できます。配偶者居住権は、二次相続において消える性質をもつため、相続対策の効果を得られるケースがあります。

1. 配偶者居住権とは

　配偶者居住権とは、自宅を所有していた被相続人が亡くなった場合に、残された配偶者が、被相続人が所有していた自宅に無償で住み続けることができる権利をいいます。

　日本は少子高齢化に伴い、高齢者同士の再婚なども大幅に増えています。また核家族化も進んでおり、昔のような「親の面倒は子供がみて当然」という意識はもはや古いものとなっています。こうした世情を踏まえ、2018年の民法改正により、この配偶者居住権という新たな権利が創設されました。

　配偶者居住権は、簡単にいうと、自宅という財産に関する権利を「居住権（＝住む権利）」と「所有権（＝財産権）」に分けて、創設された権利です。この「居住権（＝住む権利）」があれば、配偶者は終身その自宅に住むことができます（民法1030条）。また、別段の定めを設けて一定期間

に限定した場合には、その期間、その自宅に住むことができます。

●配偶者居住権のイメージ
（夫が亡くなり、妻と子供1人で遺産分割する場合）

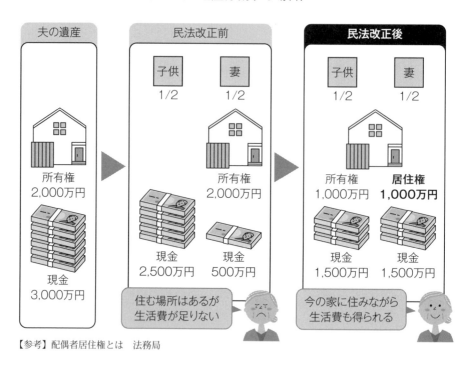

【参考】配偶者居住権とは　法務局

　上図を例にとり、ご説明します。

　自宅2,000万円と現金3,000万円を所有していた夫が亡くなりました。夫には、息子と後妻がいます。特に関係性が悪くなくとも他人同士ですから、ドライに法定相続分通り2分の1ずつ分けましょう、ということになったとします。つまり、2,500万円ずつです。

　高齢の後妻は、いまさら家を出るわけにもいかないため、自宅を相続する必要があり、自宅2,000万円と残り500万円の現金を相続しました。し

かしこれでは、住む家は確保できても老後資金に不安が残ります。

　こうした問題に対処するため、民法改正により配偶者居住権が創設されました。改正後は、自宅という分けられなかったはずの財産を「居住権」と「所有権」に分けたことで、「居住権」を配偶者が取得し、「所有権」は子が取得するといった分け方ができるようになりました。その結果、後妻は、住む家を確保できたうえに、1,500万円の現金を相続したことで安心できる老後資金を得られるようになったのです。

　配偶者居住権は、相続人同士の遺産分割もしくは遺贈により配偶者に取得させることができますので、自分亡き後の配偶者のことを保護するためには、遺言において配偶者に配偶者居住権を遺贈する旨を書いておくことが検討できます。

2. 二次相続における配偶者居住権の効果

　配偶者居住権の創設により自宅に係る権利が2つに分かれたことで、残された配偶者の老後資金を確保できるようになっただけでなく、二次相続において意外な効果を生じることとなりました。

　一次相続の際に配偶者が取得した配偶者居住権は、その配偶者が死亡したとき、または別段の定めの期間を経過したときに、「消滅する」という性質をもっているのです。このため、二次相続の際、配偶者居住権は配偶者の相続財産から消えてなくなります。

　この点を考慮し遺産分割すると、一般的には一定の相続税圧縮が期待できます。

　相続人の要件によっては、小規模宅地等の特例を適用した方が配偶者居住権を活用するよりも相続税の負担が軽減できる場合もあり、配偶者居住

権を設定した方がよいか否かは、個々の状況により異なります。要件が複雑で判断が難しいところですし、配偶者居住権の評価方法も複雑ですので、早い段階で専門家に相談し、検討するようにしましょう。

Q8 有価証券1億円以上の所有者がとるべき対策

有価証券を多額に所有していますが、何か特別な備えが必要ですか？

有価証券を1億円以上所有している方は、海外へ移住するときだけでなく、贈与や相続によって海外に住むお子さんへ有価証券が移転する際においても、「国外転出時課税」の対象となります。特に相続時の国外転出時課税については、現在は相続人がすべて日本在住であっても、将来海外で居住する可能性に備え、対策を講じておくことが重要となります。

1．概要

　国外転出時課税とは、有価証券を1億円以上所有する居住者が海外に出国するとき、また贈与や相続により非居住者に有価証券が移転する際に、その含み益について国内で課税できなくなることを防ぐため、その時点で対象の有価証券を売却したものとみなして未実現の利益に対し所得税及び復興特別所得税（15.315％）が課税される制度です。なお、2025年よりミニマムタックス（141ページコラム参照）が適用される場合があります。実際に有価証券を売却した資金が手に入るわけではありませんので、納税資金の調達が難しい場合があります。そのため、担保提供など一定の条件のもとに納税猶予の制度が設けられています。

2．相続時における国外転出時課税のリスク

　海外出国時や贈与時の課税の場合は、税額の試算や納税資金の確保など
ある程度の準備ができますし、納税猶予制度の利用についても時間的余裕
をもって準備することが可能です。

　一方、相続時の課税についてはどうでしょうか？　有価証券を１億円以
上所有する方が亡くなり、その際、相続人の一人が海外在住であった場合
は、どのようなリスクが考えられるでしょうか？　相続時に非居住者の相
続人がいる場合には、遺産分割が済んでいない有価証券は相続人の共有財
産とみなされるため、非居住者である相続人が相続または遺贈により有価
証券を取得したものとして、被相続人に対し、みなし譲渡所得税が課税さ
れることとなります。

　すなわち、相続時の国外転出時課税については、原則として、被相続人
の準確定申告の期限（相続開始後４ヶ月以内）までに申告をし、納税を行
うことが必要となります。

　国外転出時課税制度における株式の時価は、相続税評価額ではなく所得
税基本通達の定めに従って算定する必要があるため、被相続人が非上場株
式をもつ場合には、評価に時間を要するだけでなく、予期せず含み益が大
きくなる可能性もあります。

　また、実際には株式を売却していないため、現金が手許に入ってきてい
ないにもかかわらず、多額の所得税を納税しなければならない可能性が出
てきます。納税を猶予するための手続きをとるにせよ、相続開始後４ヶ月
以内という短い期間ですから、相当タイトなスケジュールとなることが想
像できるでしょう。

3. 対策と事前検討

　相続開始後の短い期間で、国外転出時課税の対応をすることは困難であるため、事前の対策を講じておくことがリスク回避のためには重要です。

　考えられる対策としては、あらかじめ、非居住者である相続人に「有価証券を相続させない」旨の遺言を遺しておくことが考えられます。そうすれば、相続時に国外転出時課税は生じず、所得税の納税資金確保の問題も回避できます。少なくとも有価証券についてだけでもこうした遺言を備えておけば、相続開始後のパニックから相続人を救うことができるでしょう。

　ただし、国外転出時課税の発生が必ずしもマイナスになるわけではありません。

　例えば被相続人が1億円以上の日本の株式を所有していたとします。相続の際、非居住者である相続人はこの株式を相続せず、日本居住者である相続人がすべての株式を相続したとします。この際、被相続人の準確定申告においてみなし譲渡所得税はかかりませんが、その後、日本居住者である相続人が相続した株式を売却する場合には、その含み益について所得税15.315％のほかに5％の住民税がかかります。また、ミニマムタックス（141ページコラム参照）が適用される場合もあります。

　一方で、非居住者である相続人がこの株式をすべて相続し、国外転出時課税により被相続人の準確定申告においてみなし譲渡所得税の課税を受けたとします。その後、非居住者である相続人が相続した株式を売却したとします。このときの課税関係ですが、非居住者が内国法人の株式を売却する場合は、一定の場合を除き原則、非課税となります。さらに国外転出時課税により実際に納付した所得税は、被相続人の相続税の申告において、債務控除をすることができますので、含み益が大きく相続税率が高い場合には、非居住者が株式を相続し、国外転出時課税の適用を受ける方が有利

になる可能性もあります。

　このように、海外に居住している相続人がいる場合には、譲渡所得の取得費加算の特例（Ｑ２・104ページ参照）や、非居住者の居住地国での課税関係も含め、事前に、そして総合的な検討をしておくことで、大きな節税につながることも想定されますので、専門家に相談し、充分な事前検討をしましょう。

第2節　資産承継対策　　131

Q9 活用すべき2つの贈与制度と
　　　その有利な組み合わせ方

資産承継対策に活用したい2つの贈与制度の特徴を教えて下さい。また、2つの贈与制度について、より有利になる組み合わせ方はありますか？

生前贈与には「暦年課税制度」と「相続時精算課税制度」の2種類があります。それぞれ、年齢制限の有無や控除額、税率等に違いがあります。また、税制改正により2024年以降は、贈与方法の選択による相続税への影響がさらに大きくなりました。

1．贈与制度の特徴と比較

　暦年課税制度は、受贈者一人当たり年間110万円まで非課税となり、それを超える部分に対して贈与税（累進税率）が課税される制度です。
　一方で、相続時精算課税制度は、特別控除の2,500万円と2024年1月以降は基礎控除として年間110万円までは非課税で贈与ができ、それを超えて贈与をすると、贈与財産額に対し一律20％の税率で贈与税が課税される制度です。そして、相続時に、この制度を使って贈与した財産額（基礎控除は除く）がすべて相続財産に加えられ、相続税の計算対象となります。その際は、支払った贈与税については相続税から控除され、二重課税とはならないようになっています。
　どちらの制度を選択して生前贈与するのかは、想定している贈与額や承

継にかける年数、受贈者の人数など、状況にあわせて選択する必要があります。

項目		暦年課税制度	相続時精算課税制度
①適用対象者	贈与者	制限なし	60歳以上の親または祖父母 （その年の1月1日現在）
	受贈者		18歳以上（※1）の子供または孫 （その年の1月1日現在）
②控除額		年間基礎控除110万円 （毎年利用可能）	一生涯で2,500万円（特別控除） （特別控除額を限度として複数年にわたり利用可能） 年間基礎控除110万（毎年利用可能）（※2）
③税率		10%～55%（超過累進税率） （18歳以上の子・孫は特例贈与）	特別控除額を超えた 金額に対して一律20%
④相続税との関係		相続開始前3年以内（※3）のものに限り加算、それ以外の贈与は相続税と無関係	すべて相続財産と合算 （※2）
⑤相続時に加算される価額		贈与時の時価（相続税評価額）	
⑥贈与税の控除		控除しきれない贈与税については還付されない	控除しきれない贈与税相当額については還付
⑦選択範囲		なし	受贈者である兄弟姉妹が各々、贈与者である父、母ごとに選択可能（子供に選択権あり）
⑧取りやめ		－	一度選択したら手続きを取りやめることはできない

※1　民法改正により成年年齢が引き下げられることに伴い、2022年4月1日以後の贈与については「18歳以上」となります。同日より前は「20歳以上」。

※2　2024年1月1日以降は一生涯で2,500万円の特別控除と年間110万円の基礎控除となり、年間110万円の基礎控除を超えない場合は贈与税の申告不要。年間110万円の基礎控除部分は相続財産に合算されない。

※3　2024年1月1日以降に行った贈与については相続開始前7年以内（相続開始前3年以内に贈与により取得した財産以外の財産についてはその財産の価額の合計額から100万円を控除した残額）

2．承継対策における贈与制度の選択方法

①暦年課税制度

　暦年課税制度は、受贈者一人当たり年間110万円の非課税の枠があり、また、超過累進税率のため、同じ財産額を贈与する場合において一人当たりの贈与額が少なくなるほど贈与税率が抑えられることから、複数の子や孫に分散して贈与すると効果的です。

　しかし、会社オーナーが自社株を贈与する場合は、贈与税の多寡ではなく、別の観点で贈与の制度を選択する必要があります。会社の経営に関与しない親族に株式が分散した場合には、後継者にとって将来の安定的な会社経営が損なわれる可能性があるため、ことの優先順位を慎重に考える必要があります。

　また、暦年課税制度は贈与額に応じて最高55％の贈与税が生じるため、自社株のように評価額が高額である資産には一般的に不向きとされます。しかし、承継にある程度の時間的余裕があり、毎年少しずつ株式を贈与していくなど計画的に自社株を承継していく場合には有効な手段となるでしょう。毎年の贈与株式数は、将来の相続税率よりも贈与税率が低くなる範囲で決定することがポイントとなります。

　重要な留意点としては、相続または遺贈により財産を取得した方が、相続開始前から一定の年数（※）以内に暦年課税制度により取得した財産は、相続税の計算上相続財産へ加算されるため、相続財産から切り離すためには時間的に余裕をもって贈与していく必要があります。

※　令和９年１月１日以降順次延長され、令和13年１月１日以降は最終的には７年

②相続時精算課税制度

　相続時精算課税制度は、贈与財産（基礎控除は除く）がすべて相続財産に加えられ、相続税の計算対象となる制度ですが、加え直される財産の評価額は、贈与時の価額であるため、将来値上がりが予想される財産については、本制度を活用して贈与するメリットがあります。反対に、贈与時より相続時の価額の方が減少していた場合でも贈与時の価額で相続税が計算されてしまう点に注意が必要となります。

　また、相続時に小規模宅地等の評価減の対象となる土地等を、相続時精算課税贈与により贈与した場合、相続時に評価減の適用を受けることはできませんので、贈与財産の選択も慎重に行いましょう。

3．贈与方法の組み合わせの検討

　複数人から贈与を受ける場合、贈与者ごとに2つの制度を組み合わせることができます。祖父からは暦年課税、父からは相続時精算課税といった組み合わせで、受贈者一人当たり年間220万円までの非課税枠を使うこともできます。

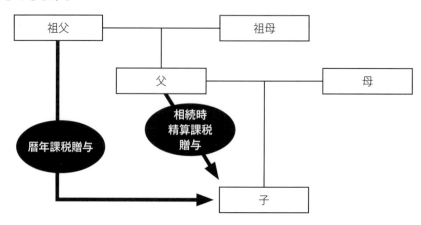

ポイントとしては、暦年課税の場合は、相続または遺贈により財産を取得した方が贈与者から亡くなる前（最終的には）7年以内に受けた贈与は非課税枠の110万円も含めて相続財産に加え直されます。一方、相続時精算課税の場合は非課税枠の110万円は相続財産へ加え直されません。富裕層の場合は、この110万円にこだわる意味はあまりないかもしれませんが、受贈者が複数人いればそれなりに非課税枠も大きくなりますから、有効に活用したいものです。

　なお、生前贈与加算の制度は相続等によって財産を取得した人が暦年課税贈与により取得した財産が持戻しの対象となるため、一般的には孫が祖父母の相続時に財産をもらわなければ、暦年課税贈与でもらった財産は非課税枠も含め相続財産に加算されることはありません。そのため、孫が祖父母からの贈与について暦年課税を選択すると、祖父母の相続財産の切り放しに有効です。ただし、死亡保険金の受取人を孫に指定したり、遺言で財産を孫へ遺贈した場合は、生前贈与加算の対象になり、かつ相続税の2割加算がありますので注意が必要です。

　また、父は相続税の申告対象となるが母はあまり財産を所有していないため相続税の申告対象とならないような場合では、次のような使い方も考えられます。父について生前贈与加算を考慮し、早くから暦年課税で着実に相続財産を切り放し、母については相続時精算課税を選択して非課税枠110万円だけを有効活用するといった例です。

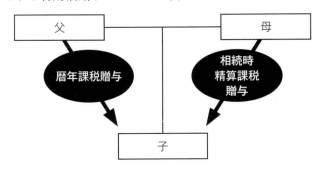

Q10 非上場会社株式の移譲において使うべき株価

非上場会社株式を売却によって後継者へ移譲する場合に適用されるべき株価と課税関係について教えて下さい。

一般的には「財産評価基本通達」で規定されている取引相場のない株式の評価方法により算出され、現オーナーは、株式の譲渡所得に対して20.315%が課税されます。

　株式譲渡には大きく分けて「個人間売買」「個人法人間売買」があり、個人が株式を譲渡することにより利益が生じた場合には譲渡所得税20.315%が課税されます。なお2025年より、ミニマムタックス(141ページコラム参照)が適用される場合があります。

　株式の移譲において適用される株価は、取引の当事者によって区分され、相続税評価額、法人税法上の時価、配当還元価額の3種類があります。相続税評価額は、相続及び贈与、または個人間売買の目安として使用される株価であり、会社規模に応じた類似業種比準価額と純資産価額の折衷方式等により計算されます。一方で法人税法上の時価は、法人間売買や個人法人間売買など取引の当事者に法人がいる場合に使用される株価であり、一定の資産は時価評価するなどの相続税評価額に一定の条件を加えた折衷方式により計算されます。最後に配当還元価額は、第三者や少数株主など非

同族株主への相続及び贈与、売買に使用される株価であり、額面金額に対する配当率に基づき計算されます。なお、それぞれの株価は、一般的に法人税法上の時価＞相続税評価額＞配当還元価額の順に高くなる傾向にあります。

1．個人間売買

　個人間売買のうち、親族などいわゆる同族間で行われる売買と、役員や従業員など第三者への売買がありますが、税務上の適用すべき株価は、贈与か売買か問わず、当事者によって138ページの図のとおり異なってきます。同族間売買の場合、適用株価は相続税評価額が基準となるため、売主側では株式譲渡代金として相応の現金を取得することが可能となります。

　第三者への少数の売却の場合、適用株価は配当還元価額を基準とすることが多く、売主側の現金化という意味では少額となりますが、低い売買金額で承継ができます。そのため、全株式を買主側に承継させると売買金額が高額である場合に、一定の株数を役員や従業員などに承継させることが、売買金額の抑制につながります。また、親族などの同族株主のなかでも、取得後の議決権割合が５％未満であるなど一定の場合には、配当還元価額での承継が可能なケースもあります。

【非上場株式の評価方法】

会社区分	取得者区分				評価方法
	グループ単位	個人単位			
同族株主の いる会社	同族株主	取得後の議決権割合5%以上			原則的評価方式
		取得後の 議決権割合 5%未満	中心的な同族株主が いない場合		
			中心的な 同族株主が いる場合	中心的な 同族株主	
				役員である株主 または 役員となる株主	
				その他	特例的評価方式 （配当還元価額）
	同族株主以外の株主				
同族株主が いない会社	議決権割合の 合計が 15%以上の グループに 属する株主	取得後の議決権割合5%以上			原則的 評価方式
		取得後の 議決権割合 5%未満	中心的な株主がいない場合		
			中心的な 株主が いる場合	役員である株主 または 役員となる株主	
				その他	特例的評価方式 （配当還元価額）
	議決権割合の合計が15%未満のグループに属する株主				

2．個人法人間売買

　個人法人間売買は、一般的な持株会社（資産管理会社）へ譲渡する方法のほか、ファンドなどの第三者法人への譲渡、中小企業投資育成会社への譲渡などがあります。

　持株会社への譲渡は、買主が持株会社を新規設立し、自社株を持株会社へ時価で譲渡する方法です。持株会社は、金融機関からの借り入れなどの

資金調達を行ったうえで自社株を購入します。売買金額は、適正価額が法人税法上の時価となり、相続税評価額をベースとする個人間売買よりも一般的に高額になるため、売主側はより多くの現金を取得することが可能となります。実務上の注意点として、売主には譲渡税が課税されるため、売買金額が大きくなると税負担が増加する可能性があります。

　事業承継の一環としてのファンドなどの第三者法人への譲渡は、自社株の承継において必要となる株式取得資金の調達時に、金融機関からの融資可能額が株式取得資金に満たない場合に活用することが検討されます。買主側は買収目的会社を設立し、その際ファンドが事業計画を根拠に算定される株価をもって出資します。その後、買収目的会社へ全株式を譲渡し、合併します。将来事業計画が達成されたのち、ファンドから株式を買い戻すことで自社株の承継が完了します。売主側は自社株の現金化が可能とあり、買主側は資金調達ができない場合でも自社株を買い取ることが可能となります。

　中小企業投資育成会社への譲渡は、予想純利益や配当性向、期待利回りから育成会社が算定した価額で売買する方法です。算定された株価は一般的には配当還元価額と類似しており、同族間で適用される株価よりも低い価額での承継が可能となります。

3．売買時の株価における注意点

　税務上、低額譲渡に該当する場合（140ページの図参照）に思わぬ課税が生じないよう注意が必要です。

【低額譲渡の課税関係】

No	売主	買主	譲渡価額	売主の課税	買主の課税
1	個人	個人	時価の1/2以上時価未満	通常の譲渡所得課税「みなし譲渡」規定なし（所法33、所法36）	譲受価額と時価との差額についてみなし贈与課税（相法7）
2	個人	個人	時価の1/2未満		
3	個人	法人	時価の1/2以上時価未満	通常の譲渡所得課税（所法33、所法36）	時価との差額は受贈益（法法22、法令119、法基通9-1-13、法基通9-1-14）
4	個人	法人	時価の1/2未満	みなし譲渡課税[時価で譲渡したものとして課税]（所法59、所令169、所基通23～35、共-9、所基通59-6）	
5	法人	個人（役員など）	時価未満	買主が法人（売主）の役員の場合、時価との差額は役員賞与（法基通9-2-9（2））	時価との差額は給与所得課税（所法28、所基通36-15）
6	法人	個人（役員など以外）		買主が上記以外の場合、時価との差額は寄付金（法法37⑧）	時価との差額は一時所得課税（所基通34-1（5））
7	法人	法人		時価との差額は寄付金	時価との差額は受贈益

【コラム】ミニマムタックスの導入

　2023年度税制改正によりいわゆるミニマムタックスが導入され、2025年度より施行されます。

　ミニマムタックスとは、株式や不動産等の譲渡所得や配当所得（大口株主等を除く）である分離課税の所得と、給与所得や事業所得である総合課税の所得を合算した所得（これらを基準所得金額といいます）が一定額を超える場合に、追加で税負担を行う制度です。

　分離課税の所得は、通常は総合課税の所得とは別に一定税率で所得税が計算されますが、ミニマムタックスの導入により、その一定税率を超える税負担が生じる可能性があります。

【所得税の計算】

①　ミニマムタックスを考慮しないで算出した
　　通常の所得税額

②　（基準所得金額（※）－特別控除額3.3億円）× 22.5％

⇒②＞①の場合に限り、差額分を追加納税

※　基準所得金額

　株式や不動産等の譲渡所得や配当所得に、給与所得や事業所得、その他各種所得を合算した金額。スタートアップ再投資やNISA関連の非課税所得は対象外であるほか、政策的な観点から設けられている特別控除後の金額。

Q11 ホールディングス化のメリット

資産承継対策の代表例としてのホールディングス化について、そのメリット・デメリットや具体的な方法について教えて下さい。

ホールディングス化のメリットは株価上昇の抑制及び自社株の現金化、デメリットは管理コストの増加及び資金負担です。具体的な手法や概要は下記解説にてご紹介します。

　事業承継にあたっては、後継者に多額の相続税や贈与税の負担が生じる場合や、株式が分散していて経営権を後継者に集約することが困難になったりする場合があります。これらの問題を解決するためのスキームとして「持株会社（ホールディングス化）」が活用されます。持株会社は、株式が分散している場合の株式集約の手段として有効であり、持株会社を設立して、株式の所有者は持株会社、経営は子会社とすることで所有と経営を分離する場合にも活用されます。

1．持株会社のメリット
①株価上昇の抑制
　自社株式の株式評価のうち、純資産価額方式による計算においては、会社が保有する資産の含み益に対し、37％相当を控除することができます。

これは、純資産価額方式が会社の清算価値に着目した方式であり、評価時点で解散したとした場合に含み益相当に対して課税される法人税等相当額（37％）を考慮し、控除することができるとされているためです。持株会社が所有する子会社株式の含み益に対しても37％控除が適用されるため、将来の株価上昇が一定程度（含み益の37％相当）抑制されます。

②自社株式の現金化

経営者は、換金しにくい自社株式を持株会社へ譲渡することで現金化することが可能になります。その結果、経営者及びその家族においては、経営者の老後における生活資金や、将来の相続税の納税資金が確保できます。

2．持株会社のデメリット

①管理コストの増加

持株会社を設立することで、単純に会社が1社増えるため、グループ内の企業数が増える分だけ管理コストが増えてしまいます。

②借入金の発生と資金繰りの問題

経営者が持株会社に株式を譲渡する場合には、持株会社は株式購入資金を準備する必要があるため、資金調達の検討が必要となります。購入資金について銀行から融資を受ける場合には、利息を含めた返済計画をたてる必要があります。長期の返済を要する場合もあるため、返済を見越して事前に資金繰りをシミュレーションする必要があり、その後も返済計画や実行内容を見直すことが必要になります。

3．持株会社の設立手法

　持株会社を設立するための手法としては、①株式譲渡方式、②株式移転方式、③会社分割方式による手法の３つがあります。

①株式譲渡方式

　後継者が持株会社を設立し、当該持株会社に対して経営者が事業会社の自社株式を譲渡する方式で、一般的に活用されています。後継者が株主として持株会社を設立するため、経営者が自社株式を全株譲渡した時点で経営権及び財産権がすべて持株会社へ移行し、事業承継が完了します。会社の業績が好調で将来的にも株価上昇傾向にある会社については、早期に後継者へ譲渡することで将来の株価上昇に伴う相続税負担のリスクを抑えることができます。

　一方で、持株会社側で自社株式の購入代金を調達する必要があり、一般的に金融機関から持株会社が株式購入資金の借り入れを受ける必要があります。借入金の返済原資は、持株会社の子会社となった事業会社からの配当金などが想定され、実質的に事業会社の将来収益力などを元に株式を取得することになります。また、売主である現経営者においては株式譲渡に係る譲渡益に対し、20.315％の所得税などの負担が生じます。なお、2025年以降はミニマムタックス（141ページコラム参照）の対象となる可能性もあるため、税負担については事前のシミュレーションが重要となります。

　この方法は一般的には親から子供への親族内承継において活用されますが、事業会社の役員や従業員を後継者とする親族外承継においても活用されるスキームです。

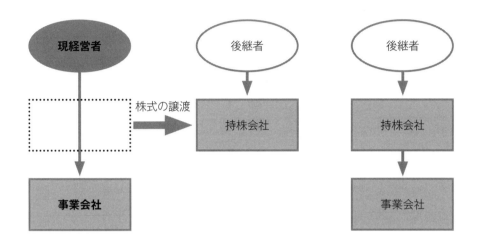

②株式移転方式

　法人を新設し、既存の会社の株主が新設会社（持株会社）に株式を移転することにより持株会社化する方法です。既存の会社の株主は、会社の株式の代わりに新会社の株式を取得することになり、新会社と既存会社の株式を実質交換取得することになります。株式移転方式によって持株会社を設立する場合には、既存の会社の株主構成と同様の株主が持株会社の株主になるため、支配関係が変わらず持株会社を組成することができます。

　会社分割などと異なり、事業に許認可が必要な場合でも移転手続きをすることなく、持株会社を組成することができるなどのメリットがあります。持株会社への株式譲渡と異なり、後継者に株式を譲る時期ではないもののあらかじめ持株会社を設立し、ホールディングス体制で経営をしたい場合には有効な手段となります。

　株式移転は、株式譲渡と異なり株式譲渡代金を受け取ることができない一方、持株会社の株式との一種の株式の交換であり、一定の適格要件を満

たすことで株式譲渡に伴う譲渡所得税などの負担なく実行することができます。

また株式譲渡と異なり後継者へ株式が承継されるわけではないため、株式移転後の持株会社の株式については、将来いずれかの時期に後継者へ承継する必要があります。

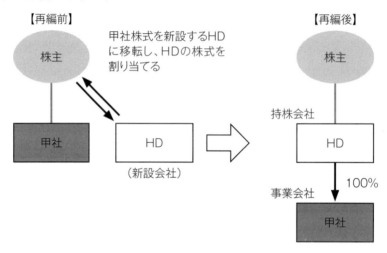

③会社分割方式

既存の会社の下に子会社を作り、自らは親会社として持株会社化する設立方法です。

既存の会社を分割して新たに作った子会社には事業のすべてを移転するため、親会社に残るのは子会社の株式だけです。

会社分割方式で持株会社を設立すると、現金の準備が不要で資産の引き継ぎなどが簡単になるなどのメリットがあります。

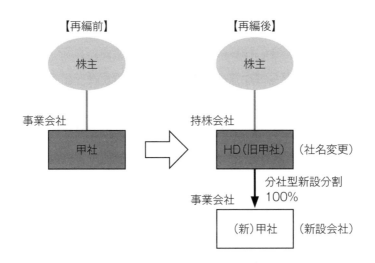

4．持株会社株式の株価への影響

　持株会社の株価評価においては、子会社の含み益に対して法人税等相当額の37％が控除されるため、直接保有と比較し、持株会社を通じて長期に保有することで株価の抑制が期待でき、特に高い収益性や利益体質の会社ほど、株価抑制効果を得ることが可能になります。

　また、持株会社は、いわゆる純粋持株会社として子会社株式を保有することのみを事業としている場合、原則として純資産価額方式のみで評価されることになります。一方、持株会社において事業実態をもち、一定の会社規模になると、通常の会社と同様に純資産価額方式よりも一般的に低いとされる類似業種比準方式も適用することが可能になります。

　持株会社は、親会社として会社の不動産や金融資産などの資産運用のための資産を集約し、子会社は事業活動に専念するといった所有と経営の分

離を実現していくことで、株価評価においても通常の会社と同様の評価方式を採用することができ、株価の抑制も期待されます。

ただし、株価の引き下げを狙った節税目的での持株会社化の活用は、同族会社の行為否認（相続税法64条）が適用される可能性があります。持株会社化にあたっては、経営効率化などの本来の目的が何であるかが重要で、特にその取引が経済的合理性のある取引であることが前提となります。

【37％控除のイメージ】

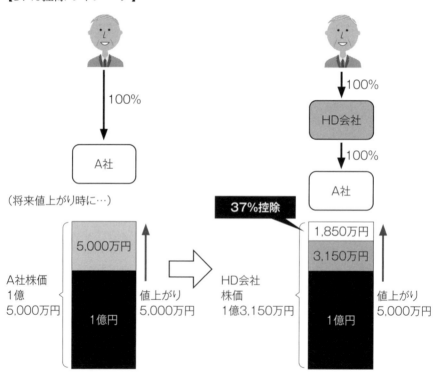

第3節
フィランソロピー

Q12 個人で寄付する場合の税制優遇

個人で寄付を検討する際に知っておきたい所得税の税制優遇にはどのようなものがありますか？

富裕層が寄付を検討する場合、個人で寄付する方法と資産管理会社等の法人で寄付する方法が考えられます。

個人で寄付する場合は、一定の条件を満たした寄付については、税制上の優遇措置が認められます。条件を満たさない寄付については、原則として税制上の優遇はありません。

一方、法人で寄付する場合は一定額以内の寄付は法人の損金となり、それを超える部分の金額は損金の額に算入されないこととなっています。

そのため、個人で寄付するか法人で寄付するかについ

ては、Q12とQ13を比較検討して判断するとよいでしょう。

1．個人で寄付する場合の税制優遇

①租税特別措置法40条の非課税

　寄付する財産が不動産や株式など金銭以外のものである場合において、寄付時の時価がその財産の取得費より高くなっている場合には、その差額について「みなし譲渡所得税」がかかります。ただし、寄付先が国または地方公共団体、特定の公益法人等で一定の要件を満たすものとして国税庁長官の承認を受けたものの場合には、租税特別措置法40条の適用によりこの「みなし譲渡所得税」が非課税となる特例が適用できます。

　寄付する財産が金銭の場合には、こうした「みなし譲渡所得税」の問題は発生しません。

②所得税の寄附金控除

　個人が特定寄附金を支出したときは、所得税の確定申告を行うことにより「寄附金控除」として所得金額から下記の金額が控除されます。

（その年中に支出した特定寄附金の額の合計額）－（２千円）
＝（寄附金控除額）

※　特定寄附金の額の合計額は総所得金額等の40％相当額が限度

また、個人が支出した政治活動に関する寄付金、認定NPO法人等もしくは公益社団法人等に対する寄付金のうち一定のものについては、上記の「寄附金控除」、もしくは、所得税額から一定の算式により得られた控除額を控除する「寄附金特別控除」のいずれか有利な方を選択することができます。

特定寄附金とは、学校の入学に際し寄付するものは除き、国または地方公共団体に対する寄付金のほか、公益社団法人、公益財団法人等や認定NPO法人等に対する寄付金、政治活動に対する寄付金、特定公益信託の信託財産とするために支出した金銭などのうち一定の要件を満たすものとして認められた寄付金をいいます。そのため、課税上のメリットを得られるかどうかは、寄付する前に対象の寄付先のホームページなどで確認し十分に検討する必要があります。

なお、不動産や株式を寄付した場合において上述の租税特別措置法40条の適用を受けて譲渡所得税が非課税となった財産については、寄附金控除の対象額は寄付時点の時価を上限として取得費相当額（取得費が不明の場合は時価の5％相当額）になる点に注意が必要です。

③住民税の寄附金控除

個人の住民税においても、地方公共団体への寄付（ふるさと納税）、住所地の共同募金会や日本赤十字社支部に対する寄付、都道府県・市区町村が条例で指定する寄付などをした場合は、住民税の寄附金控除が受けられます。

寄付先が地方公共団体の場合には「ふるさと納税」に該当するため、所得税及び住民税の寄附金控除に加えて、返礼品を受け取れるケースもあります。この場合、50万円を超える返礼品を受け取ると一時所得の対象と

なる可能性がありますので、翌年の所得税の申告の際に注意が必要です。

２．税制優遇の適用がない寄付

　上記１の所得税や住民税の優遇措置の対象となる寄付以外の寄付を個人が行った場合については、原則として税制上のメリットは受けられません。例えば、自身が支援する活動を行うグループに寄付をした、とか、お祭りの開催のために寄付をした、などの場合は、一般的には税メリットは得られませんが、慈善活動や地域貢献の一環としてそれもよろしいかと思います。

　ただし、個人事業主が事業に関連して寄付をした場合は、交際費や広告宣伝費などの経費に計上できる場合があります。

　また、資産管理会社を有する場合は、法人から寄付をすることで一定額の範囲内であれば、法人の損金にすることが可能ですので、比較検討してみてもよいでしょう。

Q13　法人で寄付する場合の税制優遇

法人で寄付を検討していますが、法人の寄付税制について教えて下さい。

富裕層が寄付を検討する場合、個人で寄付する方法と資産管理会社等の法人で寄付する方法が考えられます。法人で寄付する場合は、一定額以内の寄付については法人の損金として扱います。一定額を超えると損金の額に算入されない仕組みとなっています。

1．法人における寄付金とは

　法人税法上、寄付金として扱われるものは、寄付金、拠出金、見舞金いずれの名義をもってするかを問わず、法人が行った金銭その他の資産等の贈与または無償の供与に該当するものをいいます。

　法人の事業と直接関係がある広告宣伝及び見本品の提供など、また交際費、接待費及び福利厚生費とされるものは、ここで説明する寄付金からは除かれ、それぞれの費目で損金となります。

　また、法人から寄付金として支出したものの、法人の役員が個人として負担すべき性質のもの、例えば子供の大学入学に際し支払う大学への寄付金などは、その役員への給与として寄付金から除かれるため、注意が必要です。

2．法人で寄付する場合の税制優遇

①法人における寄付税制の仕組み

　資産管理会社などの法人から寄付をする場合は、法人の事業と直接関係のない者に対する金銭等の贈与であれば、原則として寄付金として扱われます。

　具体的には、国または地方公共団体への寄付及び指定寄付金（公益法人等に対する寄付金で、一定の要件を備えるものとして財務大臣が指定したもの）については、原則として全額が法人の所得金額を計算するうえで損金となります。

　特定公益増進法人に対する寄付金や特定公益信託に対する支出金、またいずれにも該当しない一般の寄付金については、下記の算式により計算した限度額以内であれば、法人の損金となります。

　また、完全支配関係にある他の内国法人及び国外関連者に対する寄付金は、全額が損金となりません。

資本を有する普通法人の場合の損金算入限度額

●特定公益増進法人に対する寄付金

　一般の寄付金とは別枠で、下記の特別損金算入限度額まで損金となります（特定公益信託に対する支出金についても同規定を適用します）。

〔特別損金算入限度額〕＝〔（期末の資本金等の額）×（当期の月数／12）×（3.75／1,000）＋所得の金額×（6.25／100）〕×1／2

●一般の寄付金

〔損金算入限度額〕＝〔（期末の資本金等の額）×（当期の月数／12〕×（2.5／1,000）＋所得の金額×（2.5／100）〕×1／4

　個人で寄付する場合、自治会や業界団体などの一般社団法人や宗教法人、営利法人などへの寄付については税制上の優遇はありませんが、法人で寄付する場合は、損金算入限度額内であれば一般の寄付金として損金となるため、法人税の実効税率を約3割と考えるとその分だけ税メリットが受けられるということになります。

②企業版ふるさと納税

　2016年に内閣府の主導により創設された制度であり、2020年税制改正に伴い、企業の実質負担が1割で寄付ができる制度です。国が認定した地方公共団体の地方創生事業に対し、企業が寄付をすることで、通常の寄付であれば寄付額の損金算入により約3割の法人税等を軽減する効果があるところ、さらに最大で6割の税額控除を受けられるため、合計して9割の税負担軽減、つまり企業の実質負担は1割で寄付ができるという仕組みです。

[制度活用にあたっての留意事項]
●1回当たり10万円以上の寄付が対象になります。
●寄付を行うことの代償として経済的利益を受けることは禁止されています。
　例：×寄付の見返りとして補助金を受け取る。

×寄付を行うことを入札参加要件とする。
　※　地方公共団体の広報誌やHP等による寄付企業名の紹介や、公正なプロセスを経たうえでの地方公共団体との契約などは問題ありません。
●本社が所在する地方公共団体への寄付については、本制度の対象となりません。
●地方交付税の不交付団体であるなど一定の都道府県、市区町村への寄付については、本制度の対象となりません。

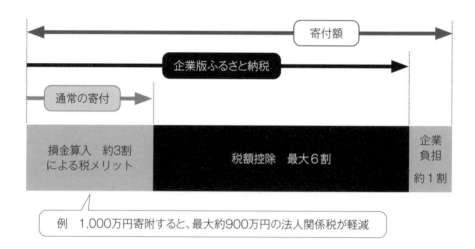

　税額控除額は次のとおり定められており、控除額が最大となる寄付額を算定することができます。

税目	上限基準(内閣府公表資料より)		計算の考え方	
法人住民税分 (地方税)	寄付額の4割	いずれか 小さい方		
	法人住民税法人税割額の20%			
法人税分 (国税)	寄付額の1割	＋ いずれか 小さい方 ＋	＝控除額	
	法人税額の5%			
	法人住民税で4割に達しなかった場合に、その残額			
法人事業税 (地方税)	寄付額の2割	いずれか 小さい方		
	法人事業税額の20%			

　個人版ふるさと納税のような返礼品は認められていませんが、企業に
とって社会貢献を通じた企業のイメージアップや認知度の向上、また地方
公共団体との新たなパートナーシップの構築などが大きなメリットとして
考えられます。

　外国法人を含め、青色申告法人であれば税額控除の対象となります。資
産管理会社であっても、オーナーが関心のある社会貢献などへのこうした
取り組みを検討できるでしょう。

Q14 遺贈に係る税制優遇

遺贈を検討していますが、どのような税制優遇がありますか？　相続した財産を相続人が寄付した場合はどうですか？

国または地方公共団体や一定の公益法人等へ、遺言により遺贈する場合または相続人が相続した財産を寄付する場合には、適用要件を満たした場合に限り、相続税や所得税、住民税において優遇税制があります。

1．遺言により寄付する場合（遺贈）

①概要

　「自分の死後、○○という認定NPO法人へ財産を遺贈して社会貢献活動に役立ててほしい」といった希望がある場合、これを遺言に織り込むことにより希望を叶えることができます。

　ただし、遺贈を受ける側が、財産の種類によっては遺贈を受け付けない場合があるため、遺言を書く際に確認をしておく必要があります。例えば遺贈する財産が不動産の場合は、不動産の登記にあたり、不動産を遺贈された受遺者と遺言執行者または相続人全員が共同で所有権移転登記の申請を行う必要があり、また、不動産取得税や登録免許税なども受遺者側に生じます。このように手間とコストがかかるという点から、受遺者側が遺贈を受け付けないケースもあります。

②課税関係

　遺贈により財産を取得した場合は、原則として相続税の対象となり、受遺者が相続税を納めることになります。しかし、相続税は個人に係る税金であるため、受遺者が法人や国または地方公共団体の場合は、相続税の負担を不当に減少させる場合を除き、相続税は課税されません。受遺者が公益法人や認定NPO法人の場合は、受け取る側にも法人税はかかりません。

　次に、被相続人の準確定申告における取り扱いをみていきましょう。

　遺贈する財産が、株式や不動産など金銭以外のものである場合、遺贈時の時価がその財産の取得費より高くなっているときにはその差額（含み益）に対し「みなし譲渡所得税」がかかります。特定遺贈の場合、準確定申告の納税義務は受遺者ではなく相続人にあるため、この「みなし譲渡所得税」を誰が負担するか、またはどの財産から差し引くか、などを遺言のなかで明示しておくとトラブル回避に役立ちます。

　遺贈先が国または地方公共団体、特定の公益法人等で一定の要件を満たすものとして国税庁長官の承認を受けたものの場合には、租税特別措置法40条の適用によりこの「みなし譲渡所得税」が非課税となる特例が適用できます。

　一方、遺贈する財産が金銭の場合には、こうした「みなし譲渡所得税」の問題は発生しません。

　また、遺贈先が国または地方公共団体、特定の公益法人、認定NPO法人などの場合は、被相続人の準確定申告において、遺贈した財産額につき寄附金控除の適用を受けることができます。

２．相続人が相続財産を寄付する場合

①概要

　相続または遺贈により取得した財産を、相続税の申告期限までに、国、地方公共団体、特定の公益法人または認定NPO法人に寄付した場合や特定の公益信託の信託財産とするために支出した場合は、その寄付をした財産や支出した金銭は相続税の対象としない特例があります。

　ただし、寄付した人やその親族の相続税または贈与税の負担を不当に減少させる場合やその他一定の場合には、この特例の適用を受けることができません。

　また、相続した財産をそのままの形で寄付することが要件となりますので、例えば相続した株式を売却して現金を寄付する、といった形は認められません。

　なお、一般社団法人や宗教法人、営利法人などは、この特例の対象とならないため、相続人からの寄付ではなく、遺言による寄付を検討してもよいでしょう。

②課税関係

　上述のとおり、特例の適用要件を満たした寄付をし、相続税の申告書にこれらの特例の適用を受けようとする旨を記載し、かつ、その適用を受ける寄付等の明細書その他一定の書類を添付して申告した場合には、租税特別措置法70条の規定により、寄付した財産について相続税は課税されません。まずは、この特例の対象となる寄付先かどうか、しっかり確認することが重要です。また、寄付する財産が金銭以外の財産の場合や使途を細かく指定したため寄付先の方で受け取り可否の結論を出すために時間がかかる場合などもあるため、申告期限までに寄付を済ませられるかという点

にも注意を払う必要があります。

　次に、寄付をした相続人の所得税について検討しましょう。

　寄付する財産が不動産や株式など金銭以外のものである場合において、寄付時の時価がその財産の取得費（被相続人の取得費を引き継ぎます）より高くなっている場合には、寄付をした相続人に対し、その差額（含み益）について「みなし譲渡所得税」がかかります。ただし、寄付先が国または地方公共団体、特定の公益法人等で一定の要件を満たすものとして国税庁長官の承認を受けたものの場合には、租税特別措置法40条の適用によりこの「みなし譲渡所得税」が非課税となる特例が適用できます。

　一方、寄付する財産が金銭の場合には、こうした「みなし譲渡所得税」の問題は発生しません。

　また、寄付をした相続人が確定申告をすることにより、所得税及び住民税の寄附金控除も受けることができます（Q12・150ページ参照）。

Q15　財団設立の課税関係と流れ

財団設立を検討しています。課税関係や設立までの流れを簡単に教えて下さい。

公益に寄与する法人の活動を支え、より一層の社会貢献活動への参加を促すために公益法人へ寄付する場合や公益法人が行う事業については、税制上の優遇措置が設けられています。

1．税制上の優遇措置

　税制上の優遇措置について、163ページの図でご説明します。まず、個人が所有する株式を財団法人へ寄付します。この株式は時価11億円ですが、取得価額は1億円でしたので、これを無償で寄付すると、みなし譲渡課税（所得税法59条）により、譲渡益10億円について約2億円の納税が必要となります。ところが、租税特別措置法40条により国税庁長官の承認を受けた財団法人へ寄付した場合において一定の要件を満たした場合には、この譲渡所得税は非課税となります。

　財団法人側は、寄付された財産を公益事業に使うのであれば、受贈益11億円が非課税となります。

●財団法人を新規に設立して奨学金事業などを行う場合
（措置法40条を適用する場合）

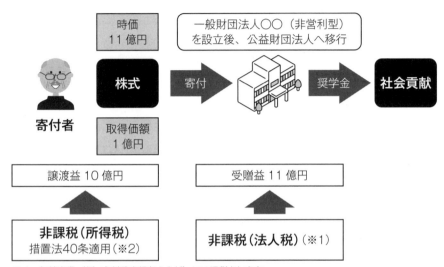

※1 収益事業（例：有料駐車場収入など）には課税されます。
※2 措置法40条の適用には各種要件を満たす必要があります。

2．課税関係

　課税関係については、164ページの表にまとめてありますが、寄付する側についてはQ12・149ページ及びQ14・158ページも併せてご参照下さい。

	寄付を受ける側				寄付をする側		
					株式・不動産　など		現金
	法人税	消費税	利子などの源泉税	固定資産税	措置法40条	措置法70条	所得税
公益財団法人	収益事業のうち**一部課税**	課税	非課税	一部課税（※1）	対象法人	対象法人	**優遇措置あり**
非営利一般財団法人	収益事業**課税**		**課税**	**課税**（※2）		対象法人とならない	優遇措置なし

※1　博物館、図書館、医療関係者の養成所、学術研究法人において直接その用に供する固定資産などにつき非課税となる。

※2　医療関係者の養成所において直接その用に供する固定資産などにつき非課税となる。

3．財団法人設立から国税庁承認までの流れ

　財団法人設立から公益認定をとり、国税庁長官の承認を得るまでの流れは、165ページのとおりです。

第3節　フィランソロピー

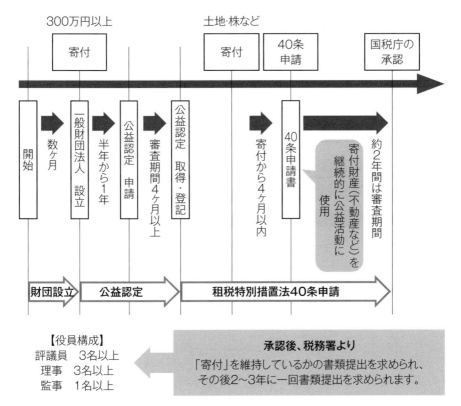

※　公益認定を受けるための要件（認定法5条一部抜粋）
・公益目的事業が主たる目的であること
・特定の個人・団体に特別の利益を与えないこと
・他の団体の議決権の過半数を超える株式等を保有しないこと
・公益目的事業において原則黒字とならないこと
・公益目的事業費が全体費用の2分の1以上であること
・遊休財産が公益目的事業費用の原則1年以下であること

4．財団法人設立によるメリット・デメリット

　自社株式を財団へ寄付したという前提で、メリットとデメリットを列挙します。

①メリット

・財団法人を通じて社会貢献できる

・要件に適合すれば相続税・所得税が非課税となる特例が適用できる

・財団法人が自社株式を長期保有することで安定株主を確保できる

・財団法人が自社株式を長期保有することで、経営の安定化が図れる

・相続による自社株式の分散の回避を可能にする

②デメリット

・ 公益財団法人の場合、役員等が最低限7名以上必要（評議員3名、理事3名、監事1名）

・親族、会社関係者等がそれぞれ3分の1 以下であること

・安定した収入源が確保できなければ社会貢献活動が維持できない

・資本政策の観点から、財団の運営・維持について検討が必要となる

・税制優遇を受ける要件が厳しい

第4節 資産運用

Q16 不動産投資のメリット・デメリット

不動産投資のメリット・デメリットとしてはどのようなものが考えられるでしょうか？

不動産投資は、資産価値の安定性やインフレに備える目的のほか、節税効果もあり、従来富裕層に人気の投資となっています。このようにメリットもありますが、注意すべきデメリットもあります。

1．不動産投資のメリット

① 相続対策としての節税効果

　不動産投資は、従来相続対策における節税効果が高く、根強い人気があります。

　1億円の現金を相続する場合の相続税評価額は1億円ですが、不動産は

路線価や固定資産税評価額を基準に相続税評価額を算出します。そのため、時価よりも評価額が低くなる傾向があります。賃貸不動産は借主の権利の分だけ評価額も小さくなり、より相続財産の圧縮効果が高まります。特にタワーマンションの高層階は、時価と相続税評価額及び固定資産税評価額との差が大きく、高い節税効果を期待することができました。

しかし、2022年4月に大きな話題をよんだ最高裁判決を踏まえ、市場での売買価格と財産評価基本通達に基づく相続税評価額に大きく乖離があるケースについての見直しがされ、2023年9月に個別通達「居住用の区分所有財産の評価について」が創設されました。居住用の区分所有マンションについては、今後は従来のような高い節税効果を期待することが難しくなる物件も出てきます。

ただ、この評価方法の見直しがあっても、依然、不動産の圧縮効果はあるため、相続対策の選択肢となることに変わりはないものと思われます。

②所得税対策としての節税効果

中古の不動産の場合、耐用年数が短く、そのため比較的短期間に減価償却を行うことで大きな費用を計上できることがあります。これにより、不動産所得がマイナスになると、総合課税の他の所得、例えば給与所得や事業所得などのプラスの所得と損益を通算し、課税所得を小さくすることで節税効果が得られるケースがあります。

③売却時の課税関係

不動産を売却する際は、売却価額から取得費を差し引いた儲けに対し、合計20.315％（所得税15.315％、住民税5％）の分離課税となります（ミニマムタックス（141ページコラム参照）が適用される場合を除く）。そ

のため、②に記述したとおり、所有している間は減価償却によって出た赤字を他のプラスの所得と通算することで、総合課税の税率の分だけ節税効果が得られるのに対し、売却時は儲けに対し一律20.315％のため、税率の高い人ほど節税効果が得られるということになります。

④資産価値の安定性・インフレへの備え

不動産は、株式や債券などの「金融資産」に対し、実際に存在する「物」に価値がある「実物資産」です。人々の生活やビジネスに不可欠な資産として、金融資産よりも変動が比較的緩やかで、安定しているとされています。

また、通貨の価値が減少するインフレは、通常、物価の上昇を意味します。不動産も物価上昇に連動し、資産価値を維持または増加させる傾向があることから、物価が上昇した場合は不動産の価格も上昇し、インフレの局面において資産価値の下落リスクを抑えられます。

2．不動産投資のデメリット

①空室リスク、家賃の滞納リスク

特に借り入れにより不動産投資をした場合は、返済期間中の元本の返済と利息の支払いに苦慮するケースがあります。空室や家賃滞納が多い不動産の場合は、手放そうにも売れないリスクも存在します。

②建物の老朽化リスク

築年数が経ち、建物の老朽化が進むと、修繕維持費の負担が高まります。入退去のリフォームに数百万円単位、一棟マンションの大規模修繕に

1,000万円以上の費用がかかることも珍しくありません。定期的なメンテナンスを含め、長期的な目線で修繕費用を考慮した資金計画が必要となります。

③家賃の下落リスク

一般的に、家賃は新築時をピークに下落していく傾向があります。長期間にわたり家賃価格を維持していくためには、不動産の立地や建物自体の機能性や利用価値が高い物件を選ぶ必要があります。

④災害リスク

地震・火災・洪水などの災害によって、建物が損傷・倒壊するリスクがあります。不動産投資の際は、地理的なリスク分散を検討することも必要です。

⑤金利上昇のリスク

変動金利の借り入れにより不動産投資をした場合は、返済途中で金利が上がり、毎月の返済が厳しくなる可能性があります。

このように、不動産投資には様々なリスクがありますが、事前に対策をとることでコントロールすることも可能となります。大きな財産の毀損を防ぐために、起こり得るリスクを検討し、専門家を含め対策をとることが重要となります。

Q17 海外不動産投資の特徴と留意点

海外不動産に投資する場合の国内不動産との違いと留意点について教えて下さい。

海外の不動産市場では、築年数をあまり重視しない傾向があり、築年数の相当経過した中古不動産でも収益力も価格競争力も高い点が、日本と比べ特徴的です。ただし、為替リスクやカントリーリスクは考慮する必要があります。

また、日本に比べ海外では土地が安く建物が高いという傾向があり、同額の不動産であれば減価償却費として費用に計上できる金額が一般的に海外の方が高くなります。そのため税務上、個人所有の国外不動産については、中古の耐用年数を用いて高い減価償却費を短期間で費用化することを抑制する措置が設けられています。

法人で所有している場合は、こうした制限はないため、国外中古不動産については法人で所有することも選択肢となります。

1．個人で所有している場合の不動産所得

海外の不動産市場では、賃貸による入居に際しても購入に際しても、建物の築年数にあまりこだわらない傾向があります。そのため、場所さえき

ちんと選定すれば、築何十年と経ったアパートでも入居率が高く維持され、売却時にも価格競争力が維持されているのが実情です。日本では築年数が経てば経つほど、家賃は下がり、売却価格も大きく下がるのが一般的であるのに対し、これは大きなメリットです。

　また土地と建物の比率について、日本では土地が高く建物が安いのに対し、海外では土地が安く建物が高いという傾向があります。そのため、同じ1億円で不動産を購入したとすると、建物部分が大きくなるため減価償却費として費用に計上できる金額が海外の方が高くなるといえます。

　このように日本の不動産市場とは異なる特徴をもつ国外不動産に対しても、減価償却については、法定耐用年数も償却率も日本の減価償却の方法を適用します。そのため、築年数の古い国外中古不動産を購入し、簡便法（※）による減価償却で非常に短い期間で費用化して不動産所得を赤字化し、給与所得などの他の所得と損益通算することで所得税をおさえるという節税対策が横行しました。

※　簡便法とは

中古資産を事業に供した場合には、法定耐用年数ではなく下記の算式により算定した耐用年数によって減価償却することができます。

【中古資産の簡便法による耐用年数】

1　法定耐用年数の全部を経過した資産

　　法定耐用年数×20％

2　法定耐用年数の一部を経過した資産

　　（法定耐用年数－経過した年数）＋経過年数×20％

これらの計算により算出した年数に1年未満の端数があるときは、その端数を切り捨て、その年数が2年に満たない場合には2

年とする。

　これに対し、2020年に税制改正が行われ、国外不動産所得の損失のうち、簡便法を使用した国外中古不動産の減価償却費に相当する部分はなかったものとすることとなりました。その結果、国内不動産所得とも給与所得や事業所得といった他の所得とも損益通算ができなくなり、それまで横行していた節税対策は封じ込められることとなったのです。

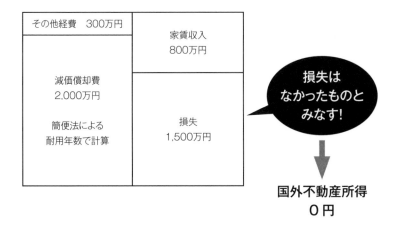

2．個人で所有している場合の売却時の課税

　不動産所得を計算するうえで、損失として「なかったもの」とされた減価償却費は、売却時はどのように考えるのでしょうか？　売却時において、所有期間中に「なかったもの」とされてきた償却費についてまで全額償却してきたものとして簿価を捉えると、売却価額と簿価との差額が大きくなり、譲渡所得税の負担が大きくなります。所有期間中も売却時も税負担が

大きいとなるとさすがに納税者の理解が得られません。

そこで売却時には、所有期間中に「なかったもの」として扱われてきた減価償却費については、償却されずに簿価として残っているものとして扱うことになっています。

例：購入額1億円(建物8,000万円 土地2,000万円)木造賃貸アパート
　　築年数25年⇒簡便法による中古耐用年数22年×0.2＝4年
　　(すべての減価償却費が「なかったもの」の対象と仮定)
　　償却完了後に1億円で売却

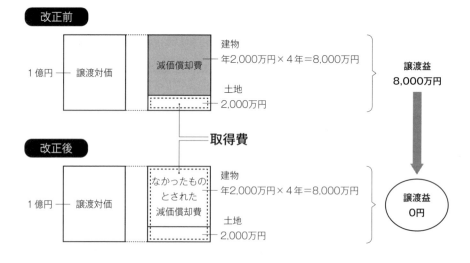

3．個人から法人へ売却するという選択肢

　2020年税制改正の影響を受け、個人から資産管理会社へ国外中古建物を売却するという流れもあります。法人税では、国外中古建物に係る簡便法による減価償却への制限が今のところないためです。

　法人へ売却する際は、個人で所有していた期間により譲渡所得税の税率が変わりますので、検討する必要があります。国外中古不動産を売却する年の1月1日現在において、個人における所有期間が5年以下の場合は、譲渡益に対し所得税・住民税合わせて39.63％の税率で譲渡所得税が課税されます。5年超の場合は、譲渡益に対し所得税・住民税合わせて20.315％の税率となります。

4．個人で所有し続ける場合の留意点

　海外に不動産を所有していると、所有者が亡くなった際の手続きに苦労することがあります。これは事業用の賃貸不動産だけでなく、別荘として所有する不動産も同様です。日本とは異なる、その不動産の所在する国ならではの法律やルールがあるからです。

　例えば、ハワイのコンドミニアムを所有している方が亡くなった場合について説明しましょう。アメリカには相続が発生した際にはProbateという手続きがあります。州により異なりますが一定額以上の財産を所有する方が亡くなると、その財産は裁判所においてProbateにかけられ、すべての手続きが終了するまで数年を要することもあります。Probateは弁護士などの費用及び多くの時間がかかるうえ、その内容がすべて公開されるため、多くの富裕層はできるだけこれを回避する対策を講じています。不動産については、TODD(Transfer On Death Deed)という対策が有

効です。TODDとは、所有者が亡くなったときに、Probateを経ることなくあらかじめ指定しておいた受取人に所有権を譲り渡すことができる制度です。ハワイに不動産を所有する富裕層は多いですが、少なくともTODDだけは備えておくことをお勧めします。

　ここではハワイを例にご説明しましたが、海外不動産投資をする際は、どの国においても日本とは異なる相続手続きや法律があることをあらかじめ十分に調べておく必要があります。

Q18 金融資産の運用における個人法人比較

金融資産の運用については個人と法人とで課税関係が大きく異なりますが、個人で運用すべきでしょうか？法人ですべきでしょうか？

所得に対する税金の側面と相続における側面とを考慮する必要があるため、その方の年齢や承継方法を見据えて、総合的に検討し、定期的なポートフォリオの見直しが必要です。

　金融資産とは、預金、株式・投資信託などの有価証券、生命保険などを指し、不動産のような実物資産と区別されます。
　以下では金融資産のうち有価証券を前提として税制の比較を行います。

1．金融資産に対する所得税制
①個人（所得税）
　個人が上場株式等を譲渡した場合には、申告分離課税となり譲渡所得に対して20.315％の税率で課税されます。
　譲渡所得は売却価格時価から取得費を控除して計算されます。
　証券口座には、「一般口座」「特定口座（源泉徴収あり）」「特定口座（源泉徴収なし）」の3種類があります。特定口座では取得費が管理され、売買の都度、取得価額が自動的に付け替えられますが、一般口座は所有者が

取得価額を管理し続ける必要があります。

　特定口座から他の特定口座へ移管の際には取得価額を引き継ぐことができますが、一般口座で管理している株式などを特定口座に振り替えることはできません。

　また、一般口座と特定口座の同一銘柄の上場株式等は区分して取り扱い、譲渡所得の計算上、取得価額は総平均されないことについても留意が必要です。

　上場株式等の配当・利子についても、申告分離課税となり配当所得・利子所得に対して20.315％課税されます（配当については、総合課税で申告し、配当控除を受けることも選択できます）。ただし、大口株主等が支払いを受ける上場株式等の配当は、総合課税となり必ず確定申告が必要です。

　なお、非上場株式等の配当等については総合課税の対象となるため、申告分離課税を選択することはできません。

　また、海外の証券口座で運用している方も多くいらっしゃると思いますが、日本の居住者は国内・国外問わず、すべての所得について課税されます。このとき、国内・国外で生じた上場株式等の譲渡損益は通算することができますが、国外の証券口座で生じた上場株式等の譲渡損失については、申告分離課税を選択した配当所得との損益通算や3年間の繰越控除を行うことは認められていませんので注意しましょう。

　いずれも2025年度以降は、ミニマムタックス（141ページコラム参照）に留意する必要があります。

##②法人（法人税）

　法人が上場株式等を譲渡した場合には、譲渡所得に対して法人税が約

33％課税されます。配当・利子についても同様の税率となりますが、法人が受け取る配当金については、下記のとおり、受取配当等の益金不算入の制度があります。

【受取配当等の益金不算入制度の概要】
・法人の受取配当等については、支払法人の段階で既に法人税が課税されているため、二重課税を調整する仕組みとして、配当を受け取る法人の段階において、その全部または一部を益金不算入としています。
・「支配目的の株式（＝持株比率が高い株式）」への投資については、経営形態の選択や企業グループの構成に税制が影響を及ぼすことのないように100％益金不算入としつつ、「支配目的が乏しい株式等（＝持株比率が低い株式等）」への投資は、他の投資機会（例えば、債券投資）との選択を歪めないように、持株比率5％以下の場合は20％益金不算入（投資信託等は全額益金算入）としています。

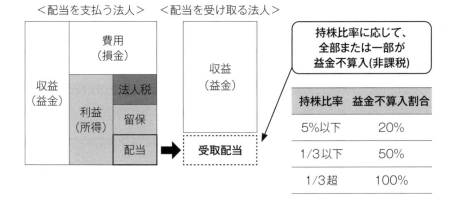

２．個人と法人どちらで運用すべきか

①所得に対する税金の比較検討

　上場株式等の譲渡所得・配当所得に対する税率を比較すると、申告分離課税を前提とすると20.315％の課税となるため個人の方が有利といえます。

　ただし、2022年度税制改正により上場会社の大口株主等の範囲が見直され、配当について総合課税の対象範囲が広がりました。

　従来、上場会社の大口株主等の範囲は個人での持株比率３％以上とされてきたため、これに該当する場合はその配当所得については、総合課税が適用されることとなっていました。そのため、個人から資産管理会社に持株を移し、個人での持株比率を３％未満に抑え、総合課税の対象とならないようにしていたケースが多くみられました。

　ちなみに資産管理会社が受け取る配当金については、179ページの持株比率に応ずる益金不算入割合のとおり、資産管理会社が３分の１超の株式を保有する会社からの配当であればほぼ全額を益金不算入にすることが可能です。

　しかし、2022年度税制改正により、同族会社の持株数も含めて大口株主等の判定をすることになりました。その結果、個人法人合わせた持株比率が３％以上となる場合は、2023年10月１日以降に受け取る配当金については総合課税の対象となりました。

　また、大口株主等に該当せず、配当については申告分離で完了できる方であっても、譲渡により多額の所得が出るような場合は、今後はミニマムタックス（141ページコラム参照）の対象となる可能性が出てくるため、検討を要します。

　個人での投資については、これまで以上の検討が必要となりましたが、

一方でベンチャー企業に対する税制優遇が手厚くなっています。

個人投資家に対する税制優遇のうち、代表的なものにエンジェル税制があります。一定の要件を満たすスタートアップに投資を行った場合の投資時点での所得控除（最大800万円）と、スタートアップ株式の譲渡時点について優遇措置が設けられており、キャピタルゲインが生じたときに効果的です。

2023年度の税制改正では一定の要件を満たす場合、最大で年間20億円の株式譲渡益が非課税となる制度の創設（Q20・190ページ参照）など、よりベンチャー企業への投資を促進すべく見直しがされました。また、対象企業の株式の譲渡損失については他の株式譲渡所得との損益通算、3年間の譲渡損失の繰り越しが認められています。

②相続対策としての比較検討

個人が直接保有する上場株式等については、相続・贈与時点で時価評価が原則となり、事前の対策をすることは難しいですが、資産管理会社に上場株式等を保有させることにより個人が間接的に保有する場合には、相続・贈与時の財産評価はその資産管理会社の非上場株式としての評価となります。

非上場株式の評価の場合、総資産のうちに占める有価証券などの割合が50％以上の株式保有特定会社に該当すると評価額が純資産価額に近くなってしまい、上場株式等を直接保有する場合との違いがあまり生じませんが、上場株式等の株価上昇局面においては含み益に対し法人税額等相当額37％が控除可能であるため、個人で直接保有するよりもその分有利となります。また、資産管理会社が不動産など上場株式等以外の資産をもつことにより、株式保有特定会社に該当しなくなった場合には、該当してい

る場合と比べ非上場株式の評価額が下がることが一般的です。

　一方で相続税の納税資金という側面からは、上場株式等を個人が直接保有している場合は、相続人が相続した上場株式等を市場に売却することが容易にできる（大口株主の場合は市場への影響を考慮する必要があります）ため、キャッシュ化がしやすい点が大きなメリットといえます。加えて取得費加算の特例も使えるため、納税額を抑えることもできます。

　また、非上場株式等については換金性に乏しくキャッシュ化が難しいですが、2つの特例をダブルで使える制度（Q2・104ページ参照）があり、相続税の納税資金の確保のために検討できるでしょう。

③結論

　ミニマムタックス（141ページコラム参照）の対象とならない場合、一般的に上場株式等の所得税対策については税率の差から個人が有利であり、相続税対策については事前の対策が可能なことから法人を活用した方が有利といえますが、最終的にはその方の年齢や承継方法に応じて総合的な検討が必要です。

Q19 海外金融資産運用の課税関係と留意点

金融資産を海外運用する場合の課税関係と留意点を教えて下さい。

海外で金融資産や不動産などの資産運用をしてリスク分散を図る富裕層は多いものです。海外運用には様々な方法がありますが、ここでは日本居住者の金融機関での金融資産の海外運用について特徴と留意点をご紹介します。

1．海外運用のパターン

金融資産の海外運用のパターンは、主に次の2つに分けられます。

①日本の金融機関で、外貨建てや国外財産を対象とする商品に投資

日本の金融機関で、日本語の資料を参照しながら海外に投資ができるため、比較的ハードルが低い海外運用といえるでしょう。投資商品が特定口座に対応しているケースも多いため、確定申告の手間が省けることや、申告不要制度の選択をすることも可能です。

②海外の金融機関の現地支店の口座で運用

過去に海外に居住していて現地に金融資産がある、資産保有国を増やしリスク分散をしたい、多額の資金を日本国内より幅広い商品に低コストで

運用し資産を増やしたいなどの理由により海外の金融機関の現地支店やプライベートバンクで口座を開設して運用するケースがあります。ジャパンデスクがある金融機関は日本語対応が可能なところもありますが、運用報告書などの資料は英語表記が基本です。また、各金融機関の基準により、口座開設には最低預入資産額など一定のハードルがあるため、誰でも海外の金融機関で運用できるわけではありません。海外の金融機関の現地支店では特定口座の開設ができないため、金融商品などの運用損益は自身で集計のうえ確定申告を行うことが必須となります。

2．投資、保有時の課税

①投資時

　既に保有している外貨預金や外貨預け金を使って、新しい商品を購入する場合は、新しい商品の購入時点の為替レートと、その購入に使った外貨預金や外貨預け金の取得時の為替レートとの差額は、投資時点で為替差損益として認識する必要があります。特に、個人で投資する場合は、為替差損益は総合課税である雑所得の対象です。円高局面で取得していた外貨を使った場合には投資時点で為替差益が生じ、想定外の課税となります。逆に円安局面で取得した外貨を使った場合は目先の課税はありませんが、将来その商品を売却した際には今回の投資時点の為替レートをベースに譲渡損益を計算しなくてはならず、想定外の課税となる可能性があります。

　このように海外投資においては、商品の価額だけでなく、為替の変動についても注意が必要です。

②保有時

a. 預金利息

　個人が受ける国内の金融機関（海外の金融機関の日本国内支店含む）からの預金利息は、源泉分離課税で、20.315％の源泉税が差し引かれて課税関係は終了します。

　一方、海外の金融機関の現地支店での預金利息は、総合課税の利子所得として確定申告が必要で、一般的には源泉分離課税より不利となります。預金利息を目的とする投資の場合には、税引き後の収益額を意識しておく必要があります。

b. 債券の利子

　外国または外国の地方公共団体、外国の企業などが発行した債券は、金融所得一体課税の対象となる特定公社債に該当します。

　個人が国内の金融機関（海外の金融機関の日本国内支店を含む）を通じて受ける特定公社債の利子は、20.315％の源泉税が差し引かれ、利子所得として申告分離課税の対象となります。既に源泉税が差し引かれているため申告不要制度を選択できるほか、特定口座内や確定申告により上場株式などの譲渡損失がある場合の損益通算も可能です。

　一方、海外の金融機関の現地支店を通じて受ける特定公社債の利子は日本で源泉徴収がされないため、申告分離課税で必ず確定申告をする必要があります。申告をすることにより、国内の金融機関を通じた取引で生じた株式などの譲渡損失がある場合の損益通算も可能となります。

　いずれのケースにおいても、現地国で源泉税が徴収されることがあり、その場合は、日本での申告で外国税額控除を適用することにより国際的二重課税を排除することができます。

なお、特定公社債に該当しない私募債などの利子は取り扱いが異なります。

c. 配当金

個人が国内の金融機関（国外金融機関の日本国内の支店を含む）を通じて受ける上場株式等の配当金は、20.315％の源泉税が差し引かれ、配当所得の対象となります。既に源泉税が差し引かれているため、大口株主等に該当する場合など一定の場合を除き、申告不要制度を選択できるほか、申告分離課税として特定口座内や確定申告により上場株式等の譲渡損失がある場合の損益通算も可能です。

また、配当所得の場合、分離課税のほか総合課税を選択することもできます。海外法人からの配当金の場合には配当控除の適用がなく、一般的には申告分離課税を選択する方が総合課税よりも有利になることが多いですが、総合課税の税率が住民税を含めても20.315％以下になる場合、他の総合課税の所得のうち不動産所得や事業所得がマイナスとなっている場合などにおいては、総合課税の選択を検討する余地があります。

なお、海外の金融機関の現地支店を通じて受ける配当金は日本で源泉徴収がされないため、申告分離課税または総合課税の配当所得として、必ず確定申告（修正申告においては申告分離課税は選択できません）をする必要があります。

いずれのケースにおいても、現地国で源泉税が徴収されることがあり、その場合は、日本での申告で外国税額控除を適用することにより国際的二重課税を排除することができます。

3. 譲渡、償還時の課税関係

　運用していた株式の譲渡、特定公社債の償還があり儲けが出た場合には、譲渡所得に該当し、申告分離課税の対象となります。源泉徴収ありの特定口座では申告不要も選択できますが、一般口座での売買や、そもそも特定口座の開設ができない海外の金融機関の現地支店を通じた売買などは確定申告が必要です。なお、債券の償還も同様に申告分離課税の譲渡所得に該当します。またミニマムタックス（141ページコラム参照）に該当する場合、追加の納税が生じます。

　外貨建ての金融資産を売買する場合、取得時と譲渡時の単価の差額だけでなく、その期間の為替差損益も含めて譲渡所得に含まれることには注意が必要です。債券投資において、投資元本が満期償還で戻ってきただけであっても、投資時点と償還時点の為替変動部分を譲渡損益として認識します。留意点としては、海外の金融機関の現地支店を通した上場株式等の売却により譲渡損失が生じた場合には、同年に生じた他の上場株式等の譲渡益と相殺することができますが、上場株式等の配当所得等との損益通算や譲渡損失の繰り越しはできないという点が挙げられます。

4. 法人名義での投資

　ここまででは、主に個人での海外運用を記載しましたが、個人ではなく法人（資産管理会社やファミリーオフィス）名義で運用するケースもあります。

　法人投資による最大のメリットは個人のように所得区分がないことが挙げられます。金融資産による運用も、不動産による運用も関係なく益金（法人税における収益）または損金（法人税における費用）として把握し、こ

れらを相殺して所得（法人税における利益）としますので、金融収益とこれとは関係のない法人の費用を相殺することが可能となります。

　法人による投資であっても、投資時、保有時、譲渡・償還時における収益の認識に対する考え方は、個人の場合と大きく異なりませんが、以下のような違い、留意点があります。

a.　金融収益と法人の費用との相殺は可能ではあるものの、法人税の税率（実効税率約33％）の方が、個人の分離課税の税率（20.315％）よりも高く、単に税引き後利益だけで考えると個人の方が有利となるケースがある（ミニマムタックス（141ページコラム参照）に該当する場合、さほど変わらない場合もある）

b.　法人名義の外貨預金（決算期末の翌日から満期までの期間が1年超の預金を除く）は、原則、毎期末に為替の含み損益について所得認識をする必要がある（翌期には前期末との差額について再度為替換算）

c.　個人名義の投資で20.315％が源泉徴収される場面において、法人名義の場合には国税部分の15.315％のみが源泉徴収される。法人税の計算の際に、源泉徴収税額は所得税額控除の対象となる（株式の取得が、配当金の計算期間の中途である場合には、源泉税のうち一部は所得税額控除の対象外となる）

d.　法人名義で配当金を受ける場合には「受取配当等の益金不算入」という制度により、一定割合が非課税となるが、対象となるのは主に国内法人からの配当金に限定されるため、海外法人からの配当金は、この制度の適用対象とはならない

e.　ゼロクーポン債などの割引債を個人で保有する場合、譲渡や償還時に、取得価額との差額が課税の対象となるが、法人が満期保有目的で保有

する場合には、取得価額と償還金額との差額を償還までの期間で按分して、少しずつ毎期の益金に計上する必要がある（益金計上時期が分散され、対象資産は毎期少しずつ簿価上げされていくため、譲渡や償還時の税負担はその分少なくなる）

Q20 事業売却後のプレシード特例の活用

事業を売却し、多額の株式譲渡益が出たため、今年多額の所得税がかかりそうです。手にした資金を有効に活かしつつ、節税できる対策があれば教えて下さい。

昨今、個人法人ともにスタートアップ税制が拡充されているため、これらの活用が重要なポイントとなります。

1．個人で再投資する場合の税制優遇

①概要

　個人が事業売却をし、多額の株式譲渡益が出た場合、その年の所得税は譲渡益の15.315％となります。2025年以降は、ミニマムタックス（141ページコラム参照）が導入されるため、株式譲渡により多額の譲渡益を得た個人の税負担は一般的に非常に重くなります。そこで、「プレシード特例」の活用が検討できます。

②エンジェル税制の拡充「プレシード特例」

　株式譲渡益を元に自ら事業を立ち上げたり、スタートアップ企業へ再投資した場合に、再投資分について20億円を限度として株式譲渡益を非課税にする制度が2024年度税制改正において創設されました。

　再投資した段階での優遇措置としては、再投資した年分の株式等の譲渡益から、譲渡益の金額を限度として再投資額を控除できます。

また、再投資したスタートアップ企業の株式を売却する際には、取得費は前述の再投資時に控除された金額のうち20億円を超える金額を、その取得に要した金額から控除した金額となります。これにより再投資額のうち20億円までは非課税となり、それを超える部分については課税の繰り延べということになります。また売却時に損失が出た場合は譲渡損失を他の株式譲渡益と通算でき、通算しきれなかった損失については3年間の繰り越しが認められています。

　プレシード特例の適用については、個人投資家要件や対象となるスタートアップ企業の要件など様々な要件があるため、適用にあたっては十分な検討が必要です。

　また、従来のエンジェル税制についても要件の緩和などが行われていますので、再投資したいスタートアップ企業の要件に応じて、使い分けるとよいでしょう。

【具体例】

10億円で取得した株式を50億円で売却し、それを元手にスタートアップ企業へ30億円を再投資。これを数年後に同額の30億円で売却した場合。

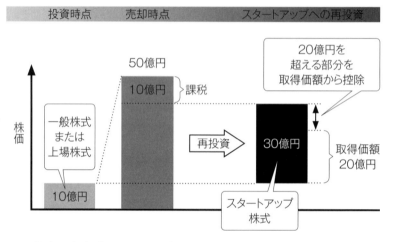

○再投資した年分の所得税（復興所得税は別途）

（売却額50億円－取得費10億円－再投資額30億円）×所得税率（15％）＝1.5億円

○売却時点の所得税

・スタートアップ株式の取得価額

再投資額30億円－（30億円－20億円）＝20億円

※　20億円を超える部分

・所得税

（売却額30億円－取得費20億円）×所得税率（15％）＝1.5億円

２．法人で投資する場合の税制優遇

①概要

　富裕層は、自己が所有する法人を利用してスタートアップ企業への投資を検討することもあるでしょう。その際に検討できるのが「オープンイノベーション促進税制」です。

②オープンイノベーション促進税制

　この制度は、既存法人とスタートアップ企業との協業による生産性の向上や新規事業の開拓に対して税制面から後押しするとともに、スタートアップ企業の出口を手厚くする制度でもあります。既存法人がスタートアップ企業へ投資する場合において、一定の要件を満たした場合は、投資額の25％の所得控除（損金算入）を受けられます。

　従来は、既存企業による新規発行株式の取得に限られていましたが、2024年度税制改正でM&Aによる発行済株式の取得も対象となりました。

　また、スタートアップ企業の成長に資するM&Aを対象にすべきとの考えから、M&A後のスタートアップ企業の成長要件も新たに設定されています。

　この税制の対象となるか否かについては、事前に経済産業省への相談が可能ですので、要件確認を確実に行いましょう。

第 2 章

法務編

第 1 節　ファミリーリスクとファミリーガバナンス（Q1）

第 2 節　少数株主リスク（Q2〜Q6）

第 3 節　遺留分リスク（Q7〜Q13）

第 4 節　離婚・財産分与のリスク（Q14〜Q20）

第 5 節　後継者の暴走・脱落・不在のリスク（Q21・Q22）

第 6 節　子孫の配偶者側に資産が
　　　　流出するリスク（Q23・Q24）

第1節

ファミリーリスクと
ファミリーガバナンス

Q1 ファミリーリスクの意義と
ファミリーガバナンスの活用

富裕層ファミリーには、どのようなリスクがあるのでしょうか？　リスクにはどのように備えるべきでしょうか？

遺留分、財産分与や資産流出リスク、事業承継問題など、富裕層ファミリーが直面する典型的なリスク（ファミリーリスク）があります。こうしたリスクにはファミリーガバナンスを活用して備えます。

1．ファミリーリスクの意義
①富裕層ファミリーにとっての重要な価値
　ファミリーが集団として追求しようとする重要な価値というのは、ファ

第 1 節　ファミリーリスクとファミリーガバナンス　　197

ミリーごとあるいはファミリーメンバー個々人によっても大きく異なりますが、主として例えば以下のようなものが挙げられます。

- ・ファミリーで経営するビジネスの承継や持続的成長
- ・ファミリーが有する資産の防衛や運用
- ・ファミリーメンバー間の紛争・暴走の予防や利害調整
- ・ファミリーとしての一体感の醸成と不公平感の解消　など

　これらは、濃淡こそあれ、多くのファミリーに共通する関心事項です。

②富裕層ファミリーが直面するリスク

　こうした普遍的な価値を追求しようとする富裕層ファミリーが直面するリスクもまた、一定の普遍性を帯びます。典型的には、以下のようなリスクを挙げることができ、本書ではこれらを「ファミリーリスク」と総称します。

- ・少数株主リスク
- ・後継者の脱落リスク
- ・子孫の結婚相手側へファミリーの資産が流出するリスク
- ・ファミリーの資産・遺産の浪費、数世代先まで残るはずであった資産の散逸リスク
- ・遺留分侵害額請求リスク

- 離婚・財産分与のリスク
- 後継者の暴走・私物化リスク
- クーデターリスク
- 死亡・意思能力喪失時リスク
- 名誉・風評・プライバシーが侵害されるリスク

2．ファミリーガバナンスの活用

①全体的な取り組みと個別的な取り組み

　上記のようなファミリーリスクは、いずれもファミリーガバナンスを充実させることにより管理可能です。

　ファミリーガバナンスは、ファミリーの発展のための仕組みであり、その内実にはファミリーリスクを予防するという意義があります。ファミリーガバナンスの取り組みは、ファミリー憲章、ファミリーガバナンス契約、ファミリーオフィス・信託、ファミリー会議体の活用といったようなあらゆるファミリーリスクに備える全体的な取り組み（第Ⅰ部第1章、第2章）のほかに、個々のファミリーリスクに対応した個別の取り組みがあります。個別の取り組みはまさにそのリスク専用の対策ですから効果が高いものですが、一方でファミリーガバナンス契約やファミリーオフィス・信託のような全体的なファミリーガバナンスの取り組みでなければなし得ない対策もあります。この点で、両者を併用していくこととなります。

②リスクの有無とその濃淡を踏まえて実装

　ファミリーガバナンスの内容やどのような法的仕組みを実装するかは、

関連するリスクの有無とその濃淡をもって検討していきます。

　例えば、ファミリービジネスの承継について、第三者への売却（M＆A）ではなく親族内の事業承継を考えるのであれば、後継者脱落リスクへの備えとして、株式移転の契約書のガバナンスやファミリーガバナンスの取り組み（Q21・274ページ参照）が必要です。

　これに対し、リスク対処の必要性が相対的に低いケースでは、より緩いガバナンスに留めた方が、コストパフォーマンスの観点から適切な場合もあります。例えば、法人や信託などにファミリー資産を集中（Q5・212ページ参照）させるとガバナンスは強くなりますが、それには財産の移転コスト（課税コストや取得資金の用意に関するコスト等）が生じるので、これをする必要性が具体的なものでなければ、財産集中まではせず、ファミリーガバナンス契約のみで対応する（Q4・210ページ参照）、などといったことが考えられます。

　そこで、この「ファミリーガバナンスの個別問題―法務編―」では、典型的なファミリーリスクの概要を解説のうえ、こうしたリスクの予防方法と、リスク顕在化時に取るべき対策方法を確認します。予防のためのガバナンスのほか、リスク顕在化時の措置をより実効化するガバナンスの仕組みも解説していきます。

第2節

少数株主リスク

[関連する当事者のイメージ]

・非公開会社を運営している方

・上場会社の創業家であっても資産管理会社をおもちの方

・後継者への引き継ぎを検討している方

・会社(資産管理会社含む)に、少数株主がいる方、一枚岩ではない株主がいる方

・会社(資産管理会社含む)を、複数のファミリーで運営している方

Q2 少数株主リスクの意義と現実性、その対策

少数株主リスクとはどのようなものですか？ 所詮は少数であって具体的なリスクではないように思いますがどうでしょうか？ どのような対策を講じるべきでしょうか？

少数株主からの権利行使やファミリー外の第三者への株式譲渡等を通して、ファミリーや会社にキャッシュアウトが生じたり、ファミリーの結合や会社のガバナンスが不安定になるリスクを指します。少数だからといって軽視してはいけません。ケースバイケースではありますが、いつ顕在化してもおかしくないリスクとして備えておくべきです。対策にあたっては、あらかじめ株主権を制限したり、後継者や会社が金銭的負担を負わない（負うとしても受容可能な程度に負担を軽減する）といった法的仕組みのほか、そもそもそうした動機を形成させないような取り組みが重要です。

1．少数株主リスクの意義

①非公開の会社で問題になること

　特に世代交代が進んでいるファミリーでは、直接ファミリービジネスや

資産管理会社等の運営に携わっているわけではないものの、過去の相続や経営上の様々な経緯により、これらの会社の株式を少数ながら保有する親族が現れる場合があります。

こうした少数株主は、低い持株比率であるとしても株式を保有するため株主としての権利を有しますし、その株式を第三者へ譲渡することも可能です。非公開会社であったとしても会社法上は一定の手続きを経ることで譲渡することは可能です。

少数株主の存在は、その会社が上場している場合にはさほど注意を払うべき対象ではありません。上場会社にはそもそも数多くの少数株主がいるからです。

問題になるのは、非上場の会社です。上場せずに代々経営してきた非公開会社や、資産管理会社のことです。

同族企業の非公開会社は、見知らぬ人間が株主にいない閉鎖性が特徴です。株主は顔の知った少数からなり、そのクローズドな結合関係がガバナンスの基礎をなしています。

このため、同族企業の非公開会社にて、株主との間でトラブルになってしまうとガバナンス上の支障が大きくなります。その株主がたとえ少数しか株式を保有しない少数株主であったとしても同様です。

②非公開会社で株主問題が生じる経緯

同族企業の非公開会社で株主の問題が生じる経緯は、多くの場合、その株主が運営に携わることができず、また無配である場合など株式を保有していることにメリットを感じることができない状態が継続し、それでいて死亡時には遺族に相続税がかかるという事実を認識したとき、なんとかこの株式をキャッシュに換えようと思って問題になっていきます。具体的に

は、後継者や会社に対して（少数）株主権を行使するなどしながら、自身の株式を買い取るよう迫るケースがしばしば見受けられます。

このリスクによって、株式を買い取るためにファミリーや会社が金銭的負担を負い、多額のキャッシュアウトが生じる恐れがあります。金額が大きくなる場合には、紛争、訴訟対応を余儀なくされ、物心両面のコストやレピュテーションリスクも伴います。少なくともその株主との関係では、ファミリーとしての結合も壊れてしまうでしょう。また、会社の資本関係や支配関係に支障が生じる場合もあります。これによって会社法上運営が制限されることもありますし、そうでなくとも少数株主への過剰な配慮が必要となって運営コストが増大してしまいます。

特に会社にとって影響の大きい（少数）株主の権利は次ページのとおりです。

No	権利内容	権利の意義とリスク
I	株主代表訴訟	・会社への金銭の支払いを請求される。 ・役員人事や会社運営に支障が生じ、場合によっては役員個人にキャッシュアウトが生じてしまう。
II	会計帳簿閲覧	・会社の財務状況が詳細に知られる。 ・譲渡承認請求時や（反対株主の）株式買取請求権行使時などに、その株価をめぐって対立が生じやすくなる。 ・ファミリーでの経営ゆえに会計帳簿の作成方法に不適切さの疑いがある場合には、役員が責任を追及されたり、会社の行動が制限される恐れが生じてしまう。
III	株式買取請求権 （反対株主）	・組織再編や事業譲渡、重要な子会社の譲渡を計画した場合、その組織再編に対して反対の意見を示されるなど一定の手続きを踏まれると、株式買取請求権を行使されてその株式を公正な価格（時価）で買い取らなければならなくなる。 ・会社にとって必要な組織再編等の行為が事実上制限される。 ・会社から多額のキャッシュアウトが生じてしまう。
IV	多重代表訴訟	・少数株主が親会社の株主である場合、子会社の役員に対して代表訴訟が提起される。 ・子会社役員人事や会社運営に支障が生じ、場合によっては役員個人にキャッシュアウトが生じてしまう。
V	株主総会議事録閲覧謄写	・過去の株主総会の議事録が閲覧・謄写される。 ・ファミリーでの経営ゆえ、議事録が法的に不十分な内容となっている場合には、役員が責任を追及されたり、会社の行動が制限される恐れが生じてしまう。
VI	取締役会議事録閲覧謄写	・過去の取締役会の議事録が閲覧・謄写される。リスクは同上。
VII	計算書類閲覧謄写	・少数株主が保有する株価算定に供される。 ・譲渡承認請求時や（反対株主の）株式買取請求権行使時などに、その株価をめぐって対立が生じやすくなってしまう。

2．少数株主リスクの現実性・具体性

　前記のとおり、少数株主リスクは、上場せずに代々経営してきた非公開会社や、資産管理会社で問題になります。自身の株式を買い取るよう迫る形で顕在化します。

　会社法上、非公開会社の株式の譲渡は「禁止」されているものではなく、「制限」されているのみです（2条17号）。

　すなわち、会社法上は、少数株主が譲渡先の第三者を確保して、会社に

譲渡承認請求をすれば、会社は、そのすべてを承認するか（見ず知らずの第三者が株主となることを受け入れるか）、承認せず自社または会社が指定する買取人に買い取らせるか（自社または指定買取人のキャッシュアウトを受け入れるか）の選択を余儀なくされます（136条以下）。

　それでは、流動性のない非公開会社である自社の株式を買おうとする「第三者」など現れないのではないか、というとそんなことはありません。少しインターネット検索するだけでも明らかとなりますが、昨今では積極的にこうした株式を買おうとする団体が目立つようになっています。そうした譲渡先の「第三者」も株主の権利を背景に、会社に対して株式の買い取りを要求してきます。第三者が少数株式を購入する動機は、既存少数株主から譲り受けた価額よりも、高額で会社に買い取らせ、その差額を得ることにあります。

　少数株主を支援する団体や法律事務所も相当数現れるに至っており、もちろんケースバイケースではありますが、いつ顕在化してもおかしくないリスクとして備えておくべきでしょう。

3．少数株主リスクへの対策

①ファミリーガバナンスの全体的な取り組み

　ビジネスやファミリーを脅かしかねない少数株主リスクに備えるためには、第Ⅰ部の第1章「ファミリーガバナンス」及び第2章「ファミリーオフィス」でも解説したファミリー憲章（Q3・208ページ参照）、ファミリーガバナンス契約（Q4・210ページ参照）、株主間契約や種類株、ファミリーオフィス（Q5・212ページ参照）を活用します。

②株主権行使を受容できる状況の構築

　加えて、会社補償契約や責任限定契約の活用や、少なくとも重要な経営判断については善管注意義務に違反しないことを立証できるレベルまでにはコンプライアンス体制を整備しておくなど、株主権の行使が少なくとも重大なリスクにはならない状況、すなわち株主権行使を受容できる状況を構築します。株主権行使の圧力に屈して買取請求に応じざるを得ないような環境にしないことが大事です。例えば、最終的に交渉で買い取る形で決着させるとしても買取請求に応じざるを得ないような環境かどうかがその際の交渉力に影響してしまいますから、必要以上に高額での買い取りを余儀なくされることのないように備えておくべきです。

　また、見ず知らずの第三者が株主となったとしても、その株主権行使によるダメージ・影響が少なく済むように運営できればガバナンス上の負担は著しく大きなものとはならないでしょう。つまり、株式の譲渡を「承認」してしまうという選択肢をもつことができます。

③株式の集中管理

　ほかにも、敵対的な少数株主が、他の株主と結託することで会社やファミリーに大きな影響を与えてしまう場合があります。例えば一人では議決権比率を満たさないものの、結託することでこれを満たしてしまう場合などが典型例です。

　そこでそうした敵対的株主に結託されないよう、他の株主から実際に株式を取得して権利帰属自体を集中させる方法や、権利帰属はそのままにするにしてもファミリーガバナンス契約などを活用して管理の方法で足並みを揃えるといった取り組みが効果的です。

④動機を与えないこと

　そして何より、そもそもファミリーにそうした動機を形成させないような取り組みが重要です。

　すなわち第Ⅰ部第1章「ファミリーガバナンス」でも解説したような情報の透明性、経済的利益の還元といったような株主であることが少なくとも損にはならない、大きな不公平感を与えないような取り組みが重要です。

Q3 ファミリー憲章の活用

ファミリー憲章は、少数株主リスクに対してどのように活用できるのでしょうか？

物心両面から抑止力となります。単体では法的拘束力はありませんが、他の仕組みと併用することで間接的に法的拘束力をもたせることも可能です。

1．ファミリー憲章の意義

　ファミリー憲章とは、ファミリーにおいて最も上位に位置する決まりごとであり、いうなれば憲法にあたる存在です。すべてのファミリーガバナンスの上位に位置する精神条項であり、すべてのファミリーガバナンスに影響を及ぼします（その意義については第Ⅰ部第1章「ファミリーガバナンス」をご参照下さい）。

2．少数株主リスクに対するファミリー憲章の機能

　ファミリー憲章では、ファミリーやビジネスの理念を明記し、株主権行使や株式譲渡等の所定の行為がその理念に反することやその理由を具体的に記載します。これによって、問題行動をすることが自分自身及びファミリーにとって望ましくないものとの理解形成を促し、問題行動に及ぶ動機を与えないようにします。

　また、ファミリーという組織に属するもの同士の相互監視が働き、これ

も問題行動を抑制する効果があるでしょう。ファミリーから爪弾きにされたくないという自発的な心理効果が働くこともあるでしょう。

さらに、ファミリー憲章では、ファミリーやビジネスの利益を不当に損ねる株主権行使を制限し、これに違反する際のペナルティを定めておくことも可能です。

ファミリー憲章はファミリーガバナンス契約（Q4・210ページ参照）のような詳細な契約ではなく、家訓のように理念的に掲げられるものです。このためルール違反時の罰則といった定めを法的に課すことはしません。しかし、ファミリー憲章違反のペナルティとして事実上の効果を有する内容を盛り込むこともできます。例えば、何事もなく推移すれば所定の相続財産を遺すが、そうでない場合にはこれを撤回する、といった内容をファミリー憲章に盛り込むことで、少数株主権の不当な行使を牽制することにつながります。

このように、問題行動に及ぶ動機を与えないようにし、事実上の相互監視や心理的効果も得つつ、ルール違反時には経済的メリットが得られない（むしろマイナスにすらなりうる）状態である、となれば、ファミリー憲章のみをもっても相当のガバナンス力が期待できます。

ここからさらに強力な規律を及ぼそうとする場合には、ファミリーガバナンス契約などの法的仕組みを活用していくことになります。

Q4　ファミリーガバナンス契約の活用

ファミリーガバナンス契約は、少数株主リスクに対してどのように活用できますか？

ファミリーガバナンス契約は法的拘束力をもってファミリーの課題全体をガバナンスするものであり、少数株主リスク対処の仕組みの文脈では、あらゆるファミリーの事情を考慮して、個別具体的な対処法を定めることができます。

1．ファミリーガバナンス契約の意義

　ファミリーガバナンス契約は、ファミリーの「法律」に相当する規範です。ファミリーメンバー間の契約の形式を取るもので、ファミリーの事業や資産に関する管理・運用・保全・承継について、法的拘束力を有するルールとして構想されます。内容は様々ですが、会社の円滑な経営や親族間の紛争防止等を主な目的とし、メンバーが現在保有しまたは将来取得する会社の株式の取り扱いや、後継者の選定、会社運営のあり方などを定めたり、法律上与えられた権限に一定の歯止めやルールを設ける内容が想定されます(ファミリーガバナンス契約の意義については第Ⅰ部第1章「ファミリーガバナンス」もご参照下さい)。

２．少数株主リスクに対する
　　ファミリーガバナンス契約の機能

　少数株主リスクの文脈では、株式の譲渡禁止、買取請求権の設定やその行使の際の譲渡代金の固定、議決権行使基準などを契約の形で定め、それに法的効力をもたせることになります。

　ファミリーガバナンス契約は、少数株主リスクだけでなくあらゆるファミリーリスクに備えるものであるため、ファミリーリスク全体を捉えた包括的なガバナンスを効かせることができます。少数株主リスクもファミリーリスクの一部と位置付け、会社法上の論理だけでなく、ファミリーの要素を反映させたガバナンスとして機能させることができます。例えば、買取請求権の発生事由や価額の設定について、純粋な株主間契約では通常定めないような条項を定めることも可能です。具体的には、ファミリー憲章の特定の条項に明白に違反した場合には当時の取得価額での買取請求権が生じるものとする、などといった、ファミリー憲章と連動した取り決めなども可能です。

Q5　ファミリーオフィスの活用

ファミリーオフィスは、少数株主リスクに対してどのように活用できますか？

ファミリーガバナンス契約をはじめとする契約の仕組みに比べ、より強力にガバナンスを及ぼすことができます。

1．ファミリーオフィスの意義

　ファミリーオフィスとは、広義ではファミリーガバナンスをファミリー内に共有するための「運営者」としての集合体を指しますが、ここでは、資産管理会社にファミリーオフィス機能をもたせ、ファミリーの主要な財産を個々人ではなく別のビークルで総合的に運用管理するために設立運営される法人・信託を指すものとして扱います（ファミリーオフィスの意義については第Ⅰ部第2章「ファミリーオフィス」もご参照下さい）。

2．少数株主リスクに対する　　ファミリーオフィスの機能

　少数株主リスク対策の文脈では、ファミリーオフィスたる法人あるいは信託に会社の株式を保有させ、その法人や信託のルール上で譲渡禁止、買取請求権や譲渡代金額等を定めることをもってガバナンスを効かせることができます。

株式をファミリーオフィスに移転させる必要があることやそこでの管理を要することから負担も大きいものですが、法人や信託のルールに則って一方的に権利実行できる点で他の手法より実効的です。すなわち、ファミリーガバナンス契約に基づいて株式を買い取ろうとするときは、その契約に基づく請求権の行使という形を取らざるを得ませんが、一方で法人や信託のルールに基づけばそうした相手本人への請求権の行使という形を取るまでもなく、一方的に権利を消滅させたり、没収しうるようになります。名義人も法人や受託者（信託）になりますから、この点でも管理を及ぼしやすいものといえます。

Q6 ファミリー会議体の活用

ファミリー会議体の運営が少数株主リスクへの対策になるのはどうしてですか？

ルールに対する規範意識を形成することで違反行動を抑止したり、ファミリーメンバーとしてのアイデンティティを形成することで、そもそもそうした違反行動への動機を芽生えさせないという効果があります。

　ファミリー会議体とは、ファミリーの主要メンバーからなるファミリーガバナンス全般に係る意思疎通のための会議体を指します。

　ファミリー会議体の運営の主要な目的は、ファミリーのメンバーがファミリーの一員であることを誇りに思えるように、ファミリーの維持・繁栄が自身や他のファミリーにとって意義あることと今よりも理解してもらえるように、法律だけでなく感情・思いの面からも会社そしてファミリーが一体となれるようにすることにあります。

　そこで、ファミリー会議体を運営するうえでは、整備した体制に魂を込めて実効性を向上させることや体制では対策しきれない間隙を埋めること、ファミリー相互間の事実上の監視によってファミリーの利益を大きく損なう問題行為（特に法には触れないものの問題の大きい不義理のようなもの）を抑止することを意識して運営していきます。

　このようにしてルールに対する規範意識形成を深め、ファミリーのメンバーであるという自尊心やアイデンティティを形成していきます。そして、

問題行動をすることは自分及びファミリーにとって望ましくないものとの理解を形成、浸透させ、問題行動に及ぶ動機が形成されないようにします。

第3節
遺留分リスク

[関連する当事者のイメージ]

・遺留分に心配のある方(後継者に株式を集中させようとしている方)

・後継者への引き継ぎを検討している方

・遺言や任意後見契約書を作成していない方

Q7　遺留分リスクの意義と対策

遺留分リスクとはどのようなものですか？　どのように対策するべきでしょうか？

遺留分侵害額請求を受けることで、ファミリーや会社から資産が流出したり、ガバナンスが不安定になるリスクです。正しい見通しをもって承継方法を工夫し、それでもリスクが残る場合には遺留分放棄、生前贈与、信託などの個別の法的措置を実施して対策していきます。

1．遺留分リスクの意義

①遺留分の侵害とは

　遺留分とは、被相続人（お亡くなりになった方）の財産のなかで、法律上その取得が一定の相続人に留保され、被相続人による自由な処分（遺言による遺贈・相続分の指定や生前贈与）に制限が加えられている持分的利益をいいます。シンプルに表現すると、相続人に法律上保障された遺産の取り分です。

　本来、被相続人は、自己の財産を自由に処分できるものですが、他方で、相続制度は、遺族の生活保障や、遺産形成に貢献した遺族の潜在的持分の清算などの機能を有しています。民法は、遺留分制度により、被相続人の財産処分の自由と相続人の保護という、相対立する要請の調和を図ることとしました。

遺留分の割合（総体的遺留分）は、相続人が配偶者または子などの直系卑属である場合、遺留分算定の基礎となる財産の2分の1です（民法1042条1項2号）。相続人が父母などの直系尊属のみの場合は3分の1となり（同項1号）、兄弟姉妹に遺留分は存在しません（同項柱書）。相続人それぞれの遺留分（個別的遺留分）は、総体的遺留分に個々人の法定相続分を掛け合わせて算出されることになります（同条2項）。

　遺留分の侵害とは、被相続人が相続財産を処分した結果、相続人が現実に受ける相続利益が遺留分に満たないことをいいます。

　遺留分を侵害する遺言であっても無効になるものではありませんが、遺留分を侵害された相続人はその侵害相当額について一定の受遺者や受贈者に対して自らに支払うよう請求できるようになります。この、被相続人が贈与または遺贈することによって自己の遺留分を侵害された相続人が、遺留分侵害相当額の金銭を取り戻すために遺贈・贈与の受遺者や受贈者等に対して行う請求のことを遺留分侵害額請求といいます。　例えば、相続人の一人に遺産すべてを相続させるといった遺言がある場合、他の相続人は、自己の遺留分が侵害されていますから、遺留分侵害額請求を行うことができます。

②遺留分侵害額の計算方法と紛争化しやすい論点

　遺留分侵害額は、❶遺留分算定の基礎となる財産を確定し、❷これを評価したうえで、❸自己の遺留分を計算し、❹相続により取得した財産が遺留分より少ないか否かを計算して算定します（民法1043条以下）。

　遺留分侵害が起こる場面は、遺言による遺贈や相続分の指定が典型的ですが、それ以外にも、生前贈与、特別受益の持戻し免除、共同相続人の担保責任の免除、遺産分割方法の指定などを通して遺留分が侵害される事態

が生じ得ます。

　相続紛争においては、こうした計算過程に様々な事情が織り込まれることで、問題点が複雑化することになります。具体的には、以下のような問題が生じます。

No	論点項目	概要
Ⅰ	遺産の範囲	そもそも相続財産の種類や規模が多様であることが多く、遺産の調査やその特定が問題となる。
Ⅱ	生前贈与などの特別受益	生前の資産変動が頻繁になされ、そのなかには相続税対策等のため生前贈与が積極的に実施されていることも多くある。こうした特別受益は、遺留分算定の基礎となる財産の算定にも大きな影響を及ぼす。
Ⅲ	遺産の評価	遺産に不動産、非上場会社の株式や有価証券などの評価を要する財産が含まれる。評価方法によって評価額が大きく異なる可能性のある財産については、それ次第で遺留分侵害の有無や額の大小が決められるため争いになりやすい。
Ⅳ	生前の遺留分対策	被相続人が生前に資産承継や事業承継計画を検討していた場合には、被相続人の遺志を実現するため、極力遺留分問題が障害とならないように生前に対策している。このとき、弁護士や税理士等の専門家の助言も踏まえながら対策していることが多いとはいえ、対策にも限界があり、遺留分問題を疑義なく払しょくできていないこともある。このような遺留分問題対策が、遺留分侵害額請求事件の論点を複雑化させることがある。

③富裕層ファミリーで遺留分侵害が起こりやすい理由

　資産家の方は多くが遺言を作成しており、自らの考えに基づいて資産承継方法を定めています。このとき、自社の株式その他の主要資産について、後継者などの特定の相続人に集中させることも多く、その結果、他の相続人が不公平ではないかと疑問を抱いて紛争となり、こうした紛争のなかで、遺留分の侵害が争点となります。

　特に資産家の相続の場面では、遺留分侵害額請求紛争に発展する場合が多くあります。

多くの方が事業を営んでおり、その遺産の多くを占めるものは自社株であって、伝統的な事業承継の考え方を基準にすると特定の後継者に可能な限り自社株を集中管理させるため、後継者とそうでない相続人との間で著しく不公平な事態となることが多いからです。

　被相続人がこうした紛争を見越して、遺留分に一定の配慮を示した遺言を作成しており、一見すると遺留分を侵害していないように見える場合もあります。しかし、生前贈与でも遺留分の侵害が起こりますので（民法1044条）、生前贈与の時期や経緯、性質などの事情次第では、遺留分侵害が認められる場合もあります。また、遺産の多くが不動産や自社の非上場株式などの評価が必要な財産である場合、その評価額次第では、遺留分はなお問題となります。

④遺留分リスクが及ぼす影響

　遺留分侵害額請求を受けることで、ファミリーや会社から資産が流出したり、ガバナンスが不安定になる場合があります。ファミリーの結合にも問題が生じます。

　また、非公開会社でファミリービジネスを営んでいる場合には、遺留分侵害額請求を契機として、親族以外の第三者が事業に参画してくるおそれがあります。これによって非公開会社であるが故に維持されていたファミリービジネスのガバナンスが崩壊する場合があります。民法改正により遺留分侵害額請求権が原則として金銭の支払請求権とされたことにより、法改正前のような後継者とそうではない相続人との間の株式の共有という事態は避けられるようにはなりましたが、遺留分侵害額が多額である場合には、後継者が遺言により承継した自社株式を売却して遺留分相当額の金銭を用意しなければならないこともあります。このとき、売却先が第三者と

せざるを得なければ、株式を購入した第三者が事業参加する場合があり、設計したガバナンスが崩壊する可能性が出てきます。

このように、遺留分リスクを取り除くことは、極めて重要です。

もし完全に取り除けないとしても、受容可能なレベルまでリスクを下げる取り組みや、会社財産の流出や議決権比率の低下によるガバナンスリスクを回避したり低減したりする対策も大切です。

2．遺留分リスクの対策
①全体的な取り組みと個別的な取り組み

　遺留分リスク対策のためのファミリーガバナンスでの取り組みは、ファミリー憲章、ファミリーガバナンス契約、ファミリーオフィス・信託、ファミリー会議体の活用といったようなあらゆるファミリーリスクに備える全体的な取り組みのほかに、個々のファミリーリスクに対応した個別の取り組みがあります。

　遺留分リスク対策の文脈でも、全体的なファミリーガバナンスの取り組みでなければなし得ない対策もあり、これらももちろん重要ですが、特に遺留分リスク対策においては、他のファミリーリスク対策に比べて個別に取り組むべき方法の種類が多く、また、どれか一つで足りるものでもなく組み合わせての対処が必要となります。

　遺留分の紛争を避ける対処方法の概要は、以下のとおりです。

②遺留分侵害の見通しをもつこと
a．承継計画が遺留分を侵害しないものなら対策は不要

　まずは実施しようとしている承継計画が、遺留分を侵害するおそれがあ

るか、その程度はどのようなものかの見通しをもつことが重要です。そもそも、検討している承継計画が遺留分侵害状態を生じさせる可能性がないのであれば、対策を行う必要すらありません。

b. 遺留分侵害額の算定式

　遺留分侵害額の算定式は、「遺留分額（遺留分算定の基礎となる財産額×個別的遺留分率）－遺留分権利者が受けた遺贈・生計の資本贈与の価額－遺留分権利者が相続で取得した財産の価額＋遺留分権利者が承継する債務額」です。個別的遺留分とは、総体的遺留分（直系尊属のみが相続人である場合は3分の1、それ以外は2分の1）に法定相続分の割合を乗じたものです。

c. 算定上、争いになりやすいこと

　この算定の過程において、「遺留分算定の基礎となる財産額」が争いになりやすいです。

　この額は、被相続人が相続開始時において有した財産の価額にその贈与した財産の価額を加えた額から債務の全額を控除して算定されますが、非上場株式や不動産は時価を正しく評価することが難しく、関係者それぞれの立場による偏向性が介入してしまうことが懸念されます。

　また、評価は相続開始時点（今現在の時点ではないということ）において行われるものです。このため遺言等といった承継計画作成時点において遺留分侵害のおそれの有無と侵害額についての見通しをもつことは必ずしも容易ではありません。見通しをもつにあたっては、あり得る評価幅と将来の評価額について保守的に考えておく方が無難です。

　「遺留分算定の基礎となる財産額」が争いになりやすいもう一つの理由

は、持戻しをする贈与の範囲やその価額に解釈を要する問題があるためです。相続人以外の者に対する贈与については、原則として、相続開始前の1年間のうちになされたもののみが遺留分算定の基礎となる財産額に算入されます(民法1044条1項)。相続人に対する贈与は、特別受益(婚姻若しくは養子縁組のため又は生計の資本として受けた贈与のこと)についてのみになりますが、その期間は、原則として相続開始前の10年間のうちになされたものとなります(民法1044条3項)。

③相続財産の「承継方法」を工夫すること

既存の承継計画では遺留分リスクを否定できない場合には、相続財産の「承継方法」を工夫する余地を検討します。

遺留分侵害額請求への抜本的な対処方法の一つは、そもそも遺留分を侵害しないように遺言を作成することです。つまり、他の遺留分権利者に株式以外の十分な財産を相続・贈与させることにより、そもそも遺留分侵害自体を生じさせないようにします。

この際、承継計画に抵触しないよう、信託や種類株式の活用をはじめ、承継させる財産の内容設計などの工夫を実施しておくことを検討します(Q8・228ページ参照)。

ほかにも、会社の資産・事業にはコアとなるものとそうでないものがあることを踏まえた対策があります。つまり、コアビジネスに直接関連しない金融資産や不動産を、金融資産運用業や不動産業として切り出して、後継者でない相続人に承継させることで、遺留分侵害額請求に対応できる可能性があります。

④遺留分放棄の活用

　承継方法を工夫しても、どうしても遺留分を侵害する形とならざるを得ない場合には、家庭裁判所への申立てによる遺留分放棄（民法1049条）をするよう推定相続人に促します。遺留分侵害状態とならざるを得ない場合の、実効的な解決方法の一つです。ただし、万能ではないので遺留分放棄だけでは不安定です。他の手法を講じることも必要です（Q8・228ページまたはQ12・241ページ参照）。

⑤除外合意と固定合意の活用

a. 除外合意と固定合意の意義

　遺留分放棄は遺留分を一切主張できなくなるものです。権利がゼロになることを意味します。そのためなかなか説得が難しく同意が得られないことがあります。

　そこでもしファミリービジネスが中小企業であり創業3年以上の非上場企業であれば、推定相続人に除外合意をするよう促します。除外合意とは、中小企業における経営の承継の円滑化に関する法律（経営承継円滑化法）に定めのある制度で、承継する株式を遺留分対象の基礎財産から除外することを相続人全員で合意することをいいます。

　除外合意が難しい場合には、固定合意をするように促します。固定合意とは、承継する株式を遺留分対象の基礎財産に含めるもののその価額を推定相続人全員の合意時の価額で固定することをいいます。

b. 柔軟な調整の模索

　これらは遺留分放棄のようなオールオアナッシングの問題を避けることができ、付随的な条件を定めることもできるので柔軟な調整も可能です。

除外合意と固定合意は二者択一のものではないため、併用することができます。例えば、後継者が贈与等により取得した1,000株のうち600株を除外合意の対象とし、残りの400株を固定合意の対象とすることもできます。

除外合意や固定合意に付随して、そのほかの合意を行うこともあります。例えば、後継者が株式を取得するにあたっての納税資金確保のための金銭や、会社名義で保有していないものの事業に用いている資産を、後継者に付与しておくべき場合には、そうした財産の全部または一部について、その価額を遺留分算定基礎財産に算入しない旨の定めをすることもできます。この合意の対象とすることができる財産の種類や額に制限はありません。

⑥遺留分リスクが残らざるを得ない場合の対策

以上のいずれについても対策が困難な場合には、以下のような対策を検討します。

a. 生前の資産移転等

死亡の可能性がある時期より10年以上前から早期の生前贈与を行って当該財産を遺留分侵害額請求の対象になり得る時間的範囲外とするように調整したり（民法1044条3項）、有償譲渡したり、生命保険や死亡退職金、信託の仕組みを利用したりすることを検討します。

b. ファミリーガバナンスの全体的な取り組みの活用

そのほか、前述の少数株主リスクへの対策と同様に、ファミリーガバナンスにより、遺留分を争う動機を与えない仕組みを構築することも効果的

です。その点で、ファミリー憲章（Q 3・208ページ、Q11・239ページ参照）やファミリーガバナンス契約（Q 4・210ページ、Q11・239ページ参照）において、株式承継分に伴う遺留分侵害額請求をファミリーにとっての問題行動として定め、ペナルティを含めた法的な効果や事実上の実効性をもたせることも有効ですし、ファミリー会議体の運営（Q 6・214ページ参照）を行うことも効果的です。

⑦取り組みが無効になるリスク

　対策にあたっては遺留分制度の意義を踏まえたものである必要があります。すなわち、遺留分制度は、相続人の生活保障など遺産に対する一定の期待を保護することにあり、できるだけ共同相続人間の公平を保ち、万が一特定の相続人の不当な働きかけによって不当な遺言がなされた際に法定相続人の権利を守るといった役割があるものです。この遺留分制度の意義に対しては、生前の関係や状況を考慮せず、一定範囲の法定相続人に無条件で一定の遺留分を与える硬直的な制度には問題があり、かえって実質的な平等の実現を阻害しているとの見方もあり一定の説得力もあるところですが、この見方は現行法で採用されるものではありません。したがって、結局無意味な対策であったということにならないように、現行法上の遺留分制度やその意義は十分に尊重して対策しなければなりません。

⑧その他の遺留分リスク（熟年結婚、婚外子等）

　なお、熟年結婚を検討されている場合などでは、そもそも結婚（法律婚）をしないことも遺留分対策の一つとなります。入籍をしない代わりに、パートナーシップ契約の締結や事実婚（内縁）を活用するものであり、近年そうした方々も多くなっているように感じます。

このほか、婚外の関係で生まれた子や、元配偶者との間の子や孫など、交流の乏しい相続人がいる場合にも遺留分が問題となりがちです。また、やや特殊なケースですが、認知されていない婚外子（いわゆる隠し子）がいる場合、子の側から認知請求を行うことにより、相続権を獲得して遺留分問題が生じる可能性があります。そのため、あらゆる推定相続人の存在を視野に入れた承継計画を検討する必要があります。

Q8 承継対策
（信託と種類株式の活用）

信託や種類株式を活用すると遺留分対策になるとのことですが、どのようなものでしょうか？

信託や種類株式の活用により、経済的価値を後継者でない相続人に帰属させて遺留分リスクに備えつつも、承継計画の妨げとならないよう遺産の内容をあらかじめデザインすることが可能となります。

1．承継方法のジレンマ

　そもそも株式にしても不動産にしても共有にしてしまえば遺留分問題は生じないわけです。
　しかし、共有にすれば会社のガバナンスや不動産の管理処分に悪影響が生じかねませんし、それは特に後世代に行けば行くほど深刻化します。現にそのようなトラブルになってしまっているファミリーも多く、共有は避けるべきと提案する専門家や金融機関は多いです。
　一方、後継者に単独所有させようとすれば、遺留分の問題が生じてしまうというジレンマが発生します。

2．信託の活用

　そこで信託が活用されます。

つまり、株式や不動産の価値をすべての相続人に帰属させつつ、ガバナンスや管理処分に悪影響を生じさせない仕組みを導入するため、信託が活用されるのです。例えば、遺産となる株式や不動産を信託財産に組み入れ、その価値（受益権）を遺留分を侵害しないように相続人に承継させるものとし、一方で管理や処分は後継者に委ねます。

信託は相当長期間にわたって運用管理されなければならないものです。

このため将来を見通した仕組みでなければならず、将来への想像力を働かせて慎重に設計しなければいけません。信託法や会社法の制限もあり、詐害的な信託だとその効力が否定される恐れもあります。また、設計次第では税務上の取り扱いが大きく変わることもあります。

遺留分対策に信託を活用する際には、経験豊富な弁護士、税理士等の専門家の助力は不可欠でしょう。

3．種類株式の活用

また、事業会社またはファミリーオフィスや資産管理会社で種類株式を発行することにより、議決権などのガバナンスに影響しうる権利は制限しつつ、純粋に財産的価値のみを有する種類株式を後継者でない相続人に承継させるといった工夫の余地もあります。

この場合には、非後継者の死亡時等一定の場合に株式を一方的に取得できる仕組み（非公開会社の場合には相続人に対する売渡請求の仕組み（会社法174条））や取得条項付株式といった種類株式を発行するなど株式分散防止の実効的な仕組みを組み合わせることが不可欠です。

Q9 遺留分放棄の活用と、万能ではないリスク

承継方法を工夫する余地がないのですが、遺留分放棄を活用することはできますか？

抜本的な解決策ですので活用するべきです。ただし、万能ではないため他の手法も併せて活用した方がより安全ではあります。

1．遺留分放棄の活用

　遺留分を侵害する形とならざるを得ない場合、遺留分侵害額請求への抜本的な対処方法の一つが、遺留分の放棄です。

　相続開始後の遺留分の放棄は、遺留分権利者である相続人が遺留分を行使しないというだけであり、自由に行うことができます。ただし、相続開始後に、ある相続人（例：後継者指名されている相続人）が、他の相続人（例：後継者ではない相続人）にそれを求めようとするにあたっては、利害の対立が大きい相続人同士での交渉となってしまうため、一般に難航しやすいです。

　一方、遺留分の放棄は、相続開始前(被相続人の生前)にも行うことができます。事前放棄であれば、被相続人自身が主導して行ったり、創業者などのファミリーのリーダー的な存在の方やいずれの相続人にも肩入れしない第三者が主導して行うなどして進められる点から、納得が得られやすいものといえるでしょう。

紛争を抜本的に解決しうる効果的な手法ですので、積極的に事前の遺留分放棄を活用します。

なお、相続開始前の遺留分放棄を行うには、家庭裁判所の許可が必要です（民法1049条1項）。

許可のためには、遺留分権利者の真意に基づくこと、放棄に客観的な合理性があることといった要件が求められます。もっとも、令和5年司法統計年報（家事編）によれば、遺留分放棄の許可事件の年間既済総数757件のうち認容件数は724件にも上り、例年、申立てのうち9割以上が許可されている状況からすると、裁判所の判断で許可されないといった事態は例外的です。

2．遺留分の放棄が万能でなく、注意が必要であること

ただし、遺留分の放棄は万能ではありません。

裁判所は、許可後も、その許可を取り消すことができると解されています。遺留分を放棄した相続人は、裁判所に遺留分放棄の許可の取消しを求めることができ、その結果、許可が取り消された場合には、遺留分の放棄を無かったことにできるのです。

もちろん遺留分の事前放棄の撤回を任意に行うことはできないのですが、申立ての前提となった事情が変わり、遺留分を放棄することが不当となった場合には、放棄許可の審判が取り消される可能性があります。

このため、遺留分放棄の許可が認められやすいからといって、これを漫然と進めるのではなく、遺留分放棄の許可の要件とされているものを確実に満たすことを確認しておく必要があります。

例えば、遺留分権利者の真意に基づくことという要件との関係では、遺留分権利者が自由な意思で放棄しているかどうかが重視されます。遺留分の放棄に客観的な合理性があるかという要件では、相続法の理念に反しないかが重視されています。
　これら重視されている要素をあらかじめ確認しておくことで、後になって、「申立ての前提となった事情が変わった」、「遺留分を放棄することが不当となった」といった展開にならないよう気をつけておくべきといえます。
　しかし、それでも許可取消しの可能性を完全に払拭はできません。
　このため、遺留分の事前放棄が実施できたとしても、他の手法も検討しておく方が安全といえるでしょう。

Q10 持戻しの対策（生前贈与、有償譲渡、生命保険の活用）

生前贈与、有償譲渡や生命保険を活用したいですが、特別受益としての持戻しの対策はできますか？

生前贈与はそのタイミングに気をつけたり、請求権行使先の相手の順番を指定することが持戻しの対策になることがあります。有償譲渡であれば原則として遺留分算定の対象とはならず一定の対策になりますが、「不相当な対価」をもってした場合には持戻しの対象になってしまうことがあります。生命保険も活用できますが一定の場合には特別受益に準じて持戻しの対象となります。いずれも注意が必要です。

1．「持戻し」の意義と早期の生前贈与が対策になりうること

①相続開始の10年より前の生前贈与

　相続人に対する生前贈与であっても、それが持戻しの対象になる特別受益である場合には「遺留分算定の基礎となる財産額」となって、遺留分の問題を抱えます。

　原則として、相続人ではない受贈者に対する生前贈与は、相続開始の1年前のみが遺留分計算の対象ですが（民法1044条1項）、相続人に対する生前贈与（特別受益として持戻しの対象となるもの）は、この期間制限

が10年前にまでに広げられます（同条3項。以前は、相続人に対しては期間制限なし、つまり無制限でしたが、2018年の民法改正により期間制限が加えられることになりました）。

こうした法律上の期間制限の存在から、早期の生前贈与が遺留分対策になる面があるのです。

②期間制限の例外（損害を加えることを知って行った贈与）

ただし、上記には例外があります。当事者双方が遺留分権利者に損害を加えることを知って贈与をしたときには期間の制限がありません。つまりいかに早期に取り組んだとしても遺留分対策にならない場合があるということです。

この例外に当てはまってしまうかは、いつ行われた贈与か、それが損害を加えることを知ってなされたものかどうかによって、持戻しの対象となるかどうかの判断が分かれます。

「当事者双方が遺留分権利者に損害を加えることを知って贈与をしたとき」の意味について、裁判所は、❶当事者双方が、贈与財産の価額が残存財産の価額を超えることを知った事実ばかりでなく、❷なお将来被相続人の財産に何ら変動がないことの予見の下に贈与があった事実まで必要と判示しています（大判昭和11年6月17日民集15巻1246頁）。❶は贈与当時においてみるべき財産が残されているかという観点で、❷は被相続人の年齢、生活状況、収入等の具体的かつ客観的な事情を基礎として、将来において財産が増加する見込みがあったかどうかで判断されます。なお、誰が遺留分権利者となるかまでの認識は必要ないものと考えられています。

③遺留分侵害額請求権の行使先の順番の検討

　生前贈与や遺言による財産承継により遺留分侵害の可能性がある場合には、その影響を軽減するために、遺留分侵害額請求権の行使先の順番を考慮すべき場合があります。

　民法に定められている遺留分侵害額請求権の行使先の順番は次のとおりです。

　まず、遺留分侵害額請求の対象に贈与（贈与契約に基づく財産承継）と遺贈（遺言による財産承継）がある場合には、遺贈を受けた者が先に対象になります（民法1047条1項1号。この順序は遺言によって変更することはできません）。

　受遺者が複数ある場合、原則として遺贈の価額の割合により負担することになりますが、遺言者が遺言で順序を定めている場合には、その定めに従います（民法1047条1項2号）。生前贈与が複数ある場合にも、その生前贈与が同時に行われたものであれば、同じく原則として贈与の価額の割合により負担することになり、遺言者が遺言で順序を定めるとその順序に従うことになります（民法1047条1項2号）。

　これに対して同時になされたものではない生前贈与については、遺言により遺留分侵害額請求の対象とする順序を指定することはできず、単純に時間的先後関係に従って、新しい贈与から順序が決まります（民法1047条1項3号）。

このように、遺留分侵害額が大きい場合の遺留分侵害額請求は、

```
遺贈
→新しい生前贈与
→古い生前贈与
```

の順番になされていき、それぞれの受遺者や受贈者が対象となって、遺留分侵害状態を解消していくことになります。これら同じ順位上に、複数の遺贈や、複数の同時の生前贈与がある場合、遺言による優先順位の指定があればその順位、指定がなければそれぞれの価額の割合により負担することになります。

こうした仕組みを踏まえ、様々な資産を生前贈与・遺贈する場合には、遺留分侵害額請求の影響を抑えたい方に対し、資産規模が大きいものから順に生前贈与していくことができないか検討します。生前贈与の順序や額の調整では対処できず遺贈によるとしても、それには先に侵害額請求の対象にするものと、それに続くものを遺言にて指定しておくことで負担を軽減することができないかを検討します。

④**持戻し免除は遺留分対策にならない**

なお、特別受益の持戻し免除という制度がありますが、これは遺留分問題の対策になりません。

持戻し免除とは、特定の特別受益を持ち戻して計算する必要がないとする旨の被相続人による意思表示のことであり（民法903条3項）、遺産分

割協議の場面では重要な意味をもつものですが、遺留分の場面では制度として認められておりません。同じく特別受益に関係するものですので誤解しやすいかもしれませんが別物です。遺留分では持戻し免除が対策にはならない点、注意しましょう。

2．有償譲渡の活用と持戻しの対策

　売買契約などを通じて有償で譲渡したものについては、「贈与」ではないため、特別受益としての持戻しの対象にならず、遺留分算定の基礎財産に含まれないことが原則です。

　もっとも、この対価が時価として相当ではない場合には、持戻しの対象となる場合があります。すなわち、不相当な対価による有償行為は、当事者双方が遺留分権利者に損害を加えることを知ってしたものに限り、当該対価を負担の価額とする負担付贈与とみなされて、その限りで持戻しとなります（民法1045条2項）。

　そこで、生前に有償譲渡する場合には、その対価が相当なものであることや、少なくとも当事者双方においてその対価が相当と考えるだけの正当な根拠があることを確認・整理し、遺留分権利者に損害を加えることを知ってしたものでないという状況を整理しておくべきです。

　なお、相続人が支払うべき対価を被相続人が代わりに支出するなどの便宜を図る行為があると、この便宜付与自体が生前贈与またはみなし負担付贈与として持戻しの対象となりかねませんから、資金準備にあたっても注意が必要です。

3．生命保険の活用と持戻しの対策

　生命保険金は、保険会社と遺言者との間で締結される第三者のためにする契約によって取得したものであるため、相続で取得する遺産とは異なります。

　そのため、生命保険金は、遺留分の算定における特別受益に算入されず、生命保険を利用しなかった場合と比較して後継者以外の推定相続人の遺留分が結果的に縮減します。

　もっとも、保険金受取人である相続人とその他の共同相続人との間に生ずる不公平が民法903条の趣旨に照らし到底是認することができないほどに著しいものであると評価すべき特段の事情がある場合には、特別受益に準じて持戻しの対象となる点に注意が必要です（最決平成16年10月29日民集58巻7号1979頁）。

　特段の事情は、保険金の額、この額の遺産総額に対する比率、同居の有無、被相続人の介護等に対する貢献の度合いなどの保険金受取人である相続人及び他の共同相続人と被相続人との関係、各相続人の生活実態等の諸般の事情を総合考慮して判断すべきとされます。

　裁判例では、保険金額が遺産総額に占める割合が61％に及ぶ場合に持戻しの対象になるとしたケースがあります（名古屋高決平成18年3月27日家庭裁判月報58巻10号66頁）。

Q11 ファミリーガバナンスの活用

 ファミリーガバナンスを遺留分対策に用いるにはどのように取り組めばいいですか？

 遺留分問題を生じさせることが、長期的に見ればファミリー全体にとっての損失になりうるということについて、家族間で共通理解の形成を試みます。これをファミリー憲章の作成やファミリーガバナンス契約の締結などファミリーガバナンスの仕組みに反映していきます。

　遺留分との関係では、遺留分というものの意義やなぜ遺留分を問題にしてはいけないかを話し合うことから始まります。
　そこでは遺留分問題を生じさせることが長期的に見てファミリーの損失になることの説明や、遺留分権利者にとってもデメリットのあることを説明して理解を得ることを試みます。
　そうして一定の理解が得られたら、ファミリー憲章、ファミリーガバナンス契約やファミリーオフィスの仕組みに遺留分を問題にさせないための取り決めを定め、法的効力をもたせます。
　例えば、ファミリー憲章に次のような内容を書き入れることが考えられます。

- ファミリーは後継者が会社の株式を承継したことを原因として自らの遺留分が侵害されたとしても、これに係る遺留分侵害額請求は目先の自らの経済的利益の確保のみを目的とする短絡的で利己的な行為であり、自らの中長期的経済的利益を放棄するだけでなく、ファミリー全体及び後世代の財産を毀損する行為であるから行ってはならない。
- 後継者から求められた場合には、自社株承継の前の時点においても、遺留分侵害額請求を制限するための措置（除外合意や遺留分侵害額請求権の事前放棄など）に協力し、あるいは実行しなければならない。
- ファミリーが、遺言または生前贈与等により承継または譲受すべき財産がある場合であっても、前各項に違反した場合には、かかる遺言等が撤回されたり、かかる財産の承継または譲渡が解除または取消しの対象となる可能性がある。

Q12 遺言の付言の活用

遺言の付言も活用できますか？

活用できます。遺言は被相続人の最終意思としてほかの言動よりも重みがあります。付言に記載することで遺言の解釈に方向をもたせることができるため、意に反した解釈がされたり、解釈をめぐって遺族が紛争になる事態の予防にも役立ちうるものです。

1．遺言の付言の意義

　遺言の付言とは、法律行為ではないものの、遺言の内容の背景やニュアンスを遺言に記載して、遺言者の意思を受遺者に伝え、相続人間の紛争を回避することに役立てるものです。
　もちろん生前のファミリーガバナンスの取り組みにおいてもファミリー間での意思疎通の機会はあるのですが、遺言は被相続人がその遺産についてどうあるべきかの意思をその最終のものとして示すものですから、社会通念上最も重みのあるものです。

2．遺言の付言が遺留分対策になること

　まず、こうした重みをもったメッセージが残されることにより、遺族が遺留分問題を起こしにくくなるという心理的効果があります。

また、遺言の内容に一定の解釈の余地がある場合、その解釈に指針を与える意義もあります。これによって意に反した解釈がされたり、解釈をめぐって遺族が紛争になる事態の予防にも役立ちうるものです。例えば生前贈与（特別受益）の内容や資産評価額を遺言者の立場から明確に整理し記載しておくことで、遺留分侵害額請求で生じる複雑な論点を解消し、紛争の深刻化を抑えるように工夫することなどが考えられます。

　したがって、遺留分問題を起こさせないようにするという目的に役立つことはもちろんですが、それだけでなく遺留分侵害額請求権の行使が避けられない可能性が高い場合にそのインパクトを軽減するという目的においても、積極的に活用するべきでしょう。

第3節　遺留分リスク　　243

Q13　再婚リスクと
　　　　パートナーシップの活用

再婚を考えているのですが遺留分問題が気になり踏み切れません。どうしたらいいですか？

婚姻届を出さず、事実婚やパートナーシップと呼ばれる関係を構築することが効果的な選択肢となります。

1．再婚と遺留分のリスク

　再婚すれば配偶者に遺留分が生じます。相続人が配偶者と子の場合、配偶者に保障される遺留分は、遺産全体の25％にも相当します。

　熟年結婚のようなケースだと、その遺留分が実現する可能性を具体的なものと感じる方が多く、自分が今まで得てきた資産の25％もの割合が入籍したばかりの相手に承継されることに抵抗感を覚える方も多くいます。

2．入籍しないことと、パートナーシップの活用

　このような方は入籍しないことが抜本的な対策となります。

　しかしそうはいっても夫婦の関係にあることが精神的にも生活としても重要であることも多くあります。

　そうしたときの解決策として事実婚やパートナーシップと呼ばれる関係があります。これらは婚姻届こそ出していないものの夫婦であろうとする者同士の結合関係であって、制度上婚姻届を出した夫婦にしか認められな

いとされる法律関係以外はおよそ婚姻届を出した夫婦同様に扱われます。この点で事実上夫婦でありながらも、婚姻届を出した夫婦にしか与えられない遺留分を生じさせないことができます。

第4節
離婚・財産分与のリスク

［関連する当事者のイメージ］
・離婚が心配される方(別居状態が長い方、どちらかが浮気をしている方など)
・婚姻中に資産承継・事業承継をする可能性のある方
・婚姻中に会社を設立する可能性のある方
・その他婚姻中に多くの資産を得る可能性のある方
・社会的信用のリスクが大きい方

Q14 財産分与リスクの意義と、特有財産の難しさ

富裕層ファミリーには離婚に伴いどのようなリスクが生じますか？ ほとんどの財産が、婚前の財産や親からもらった財産ですが、こうした財産は特有財産として財産分与の対象とならないと聞きました。特段大きなリスクはなく、対策などは不要でしょうか？

離婚に伴う財産分与により、大規模な財産減少や、ビジネスへの悪影響が生じる可能性があります。ご質問のケースにおけるリスクの程度はケースバイケースですが、対策は必須です。

1．財産分与リスクの意義

①財産分与とは

　夫婦関係が修復不可能なものとなり破綻に至ったとき、離婚することになります。離婚に伴い財産分与を行いますが、富裕層世帯の夫婦の離婚においてはこの財産分与が特に深刻な問題となります。

　財産分与とは、婚姻中に形成された夫婦の共有財産を分け合うことをいいます（民法768条）。その主たる法的性質は、夫婦で協力して形成した財産を清算するというものです。

　離婚・財産分与をめぐっては、資産家や経営者ゆえの論点や問題点は多くあります。しかし、例えば財産分与の金額に上限があるといったような

抜本的な制度や特別な判断枠組みはありません。財産分与が会社経営に及ぼす問題なども基本的には考慮されません。

②自分自身、ファミリー、会社、従業員及び投資家等へのリスク

　このため、富裕層世帯ではない多くの世帯と同様に、財産分与によって資産が大幅に減少することがあります。理論上の最大値としては、資産の半分を引き渡さなければなりません。

　これによって、資産運用計画、資産・事業承継計画や会社運営に支障が生じることもあります。すなわち、運用財産取り崩しが必要になってしまうなど資産運用計画への支障が生じたり、承継財産が減少・散逸することで後継者に相続税資金を十分に確保できなくなったり、非後継者へ遺すべき遺産がなくなって遺留分の問題が浮上してしまうといったような承継計画への支障が生じることもあります。また、自社の株式が財産分与の対象となるような場合には自社株買い等による会社財産の流出による資金繰りの悪化、議決権減少・（敵対的）少数株主の出現によるガバナンスの不安定化、上場スケジュール遅延やM&A頓挫といったエグジットの障害事由の発生など会社運営に支障が生じることもあります。代表自身だけでなく、会社、従業員、投資家、この会社に関係する他のファミリーの利益を大きく損なう可能性があるのです。

2．財産分与の対象とならない特有財産

①特有財産の意義

　こうした財産分与のリスクについて、ほとんどの財産が婚前の財産や親から贈与された財産であるから特段問題ないのではないかというご相談を

いただきます。ご相談の趣旨は、自分の資産が「特有財産」であるから財産分与の影響は及ばないのではないか、というものです。

まず、特有財産の一般論です。

夫婦が婚姻中に協力して形成した財産を清算するという財産分与の趣旨から、原則として、基準時で保有している財産のすべてが財産分与の対象となります。基準時は、夫婦間における経済的な協力関係が終了した時点であり、通常は別居時となります。

これに対し、夫婦が協力して取得したものではない財産は財産分与の対象となりません。こうした財産を特有財産といいます。例えば、婚前の財産、相続、贈与で取得した財産が典型とされます。

財産分与の対象になるかならないか、という意味でとても重要な論点の一つです。

②特有財産の難解さ

しかし、特有財産かどうかの判断はときに難解です。それにもかかわらず多くの方が安易に判断できるものと誤って解釈してしまっているように感じます。

a. 立証責任のハードル

特有財産の判断が難解である原因の一つが、立証責任です。

つまり、特有財産か否か争いがある場合には、特有財産と主張する者がこれを立証しなければなりません。立証できなかった場合、真実は特有財産相当のものであったとしても、それは共有財産として財産分与の対象になってしまいます。

特有財産であることを立証するハードルは、世間の感覚よりも高いもの

であるように思います。さらにいえばそうした立証の問題は裁判官の心証（つまり裁判官がどう思うか）にかなりのところ左右されてしまいます。例えば、基準時時点での財産の大部分が婚前財産やそれを原資とする財産であった事例において、このような財産であっても共有財産として財産分与の対象とされている事例があります。また、特有財産であった現金と婚姻中に蓄えた現金をあわせて取得した財産について、少なくともその財産の一部が特有財産といえるかが争点となった事例では、すべてが共有財産とされてしまったという事例もあります。

b. 分別管理のハードル

　特有財産の判断が難解である原因の一つが、分別管理の難しさです。

　財産を徹底して分別管理できていなければ、特有財産であるべきものを保全できない危険が残ります。そして、自分では分別管理できているつもりでも、裁判実務上はそうした管理方法では不十分であるということがあります。

　例えば、婚前にローンを完済済みの不動産をおもちの場合、婚姻後のその賃料や値上がり分といったようないわゆる運用益は財産分与の対象になるでしょうか。婚前の財産の果実は、財産分与の対象にならないと単純に考えられていることが多いように感じますが、実際はそう単純ではありません。財産分与の趣旨、すなわち夫婦で協力して形成した財産を清算するという財産分与の性質に鑑みて、共有財産となる場合があります。例えば、多くの方々は不動産の管理を管理会社に委託しているでしょうが、その管理委託料を婚姻後の役員報酬のような共有財産から支出している場合には、立証責任の観点も加えると厳密にはその管理委託料を特有財産から支出していると立証できない場合には、その運用益の形成に夫婦（の財産）

の貢献があるものとして財産分与の対象となる可能性があります。

c. 特有財産に関してよくご質問いただくケース

　特有財産に関してよくご質問いただくケースの一部を取り上げます。リスクの程度はもちろんケースバイケースではありますが、以下のご質問のようなケースだからといって、リスクはないから安心してよいとは直ちにはいえません。

> ・結婚前にたくさんの資産を築き上げました。結婚後は特に大きな資産増加のイベントはありません。予定もありません。
> ・婚姻当初から保有していた10億円の残高を一度も下回ったことはありません。
> ・結婚後の収入が毎年8,000万円ほどありますがすべて生活費に消えています。
> ・会社を運営していますが結婚前に設立した会社です。
> ・会社をM＆Aにて売却しましたが会社の創業は結婚前です。
> ・結婚後に会社株式を保有するに至りましたが、すべて父から承継したものです。

　特に次のようなケースでは立証が難しい場合があります。

> - 婚前財産の口座と、役員報酬の口座やカード引き落とし口座を一緒にしてしまっています。
> - 結婚前から保有していた口座から生活費を支出しています。
> - 承継した株式に贈与のものと買い取ったものが混在し、その後組織再編を行っています。

d. とりわけ特有財産に注意するべき富裕層ファミリーの傾向

　財産を徹底して分別管理できていなければ、特有財産であるべきものを保全できない危険が残ります。そして、特有財産であることの立証の責任はこれを主張する側が負いますので、分別管理の事実を裁判に耐えられるレベルで立証できないと危険があるということになります。

　ちゃんと管理していれば本来分けずに済んだはず、という状態のお客様からの相談をよくいただきます。そうなることのないように事前の取り組みが必要です。資産家にとっての資産保全のうち、最も重要なものの一つといえます。

　筆者の実務感覚からすると、特にM＆Aでエグジットしたオーナー、上場してからの婚姻期間が相当程度に及んでいる上場企業オーナー、婚姻期間中に事業承継を行った方（2世・3世の方）は一層の注意が必要と思われます。

Q15 財産分与リスクの対策
（結婚した後にもできること）

 財産分与リスクの対策はどのようなものでしょうか？ 婚前契約は結婚前でないと利用できないとのことですが、結婚した後にできることはないのでしょうか？

 ファミリーガバナンスのほか、婚前契約、婚姻後契約、財産名義管理や特有財産の維持対策などが有効です。結婚した後にできる対策もあります。

　信託・ファミリーオフィス（第Ⅰ部第1章「ファミリーガバナンス」、Q5・212ページ、Q20・270ページ参照）、ファミリー憲章（第Ⅰ部第1章「ファミリーガバナンス」、Q3・208ページ、Q20参照）、ファミリーガバナンス契約（第Ⅰ部第1章「ファミリーガバナンス」、Q4・210ページ、Q20参照）、ファミリー会議体の運営（第Ⅰ部第1章「ファミリーガバナンス」、Q6・214ページ、Q20参照）は財産分与リスクの対策になります。

　そのほか、婚前契約も効果的です。
　ただし、婚前契約は入籍前でしか活用できません。
　しかし、財産分与のリスクは結婚後でも対策できるものがあります。
　その代表的なものが、婚姻後契約、財産の名義管理（財産を自分の名義でもたないこと）、特有財産の維持管理やファミリーガバナンスです。とりわけ特有財産の維持管理は必ず実施するべきでしょう。

Q16 婚前契約の活用

婚前契約が対策になるということですが、どのようなものでしょうか？

婚前契約とは結婚の前にする契約であり、特に財産分与の内容を民法の制度を超えて取り決められる点に大きな意義があります。

1．婚前契約の意義

「婚前契約」は、結婚しようとする夫婦が結婚の前にする契約であり、民法上は「夫婦財産契約」と表現されます（民法756条）。家事の分担や財産の管理方法、離婚後の財産分与についてなどを定めるものです。

民法が定める夫婦財産の規律を変更しようとする場合、その内容を取り決められるタイミングは、婚前に限られます（民法758条1項）。このため、入籍前には必ず婚前契約を活用するべきです。

欧米では婚前契約のことを「プレナップ（prenup）」といい、ハリウッドセレブや富裕層などを中心に普及しています。一方日本ではこれまであまり利用されることはありませんでした。

しかし近年、日本でも芸能人や富裕層を中心に婚前契約が注目を集めているといえます。国内のメディアでも日本人夫婦で導入されている事例が取り上げられていることが相当数確認できるようになりました。

婚前契約は、自分だけでなく、自分以外のファミリー、会社、従業員、投資家を「離婚の問題」（Q14・246ページ参照）から守る効果があります。

また、意外に思われるかもしれませんが、オープンな関係を築きやすくなるので配偶者との円満な関係の構築にも役に立つものです。

2．婚前契約の提案

　結婚するときに離婚の話をするのはかなり大変であり、どう進めるのがよいかという相談をよくいただきます。

　結婚を財産形成やファミリー、会社にも大きな影響を及ぼす一大イベントと捉え、前向きに対処することが大切ですが、婚前契約はその性質上、万一の離婚を見据えた内容でもあります。このため、これから夫婦になろうとする者同士にとってはその内容の取り決めに心理的困難が生じることがあるのはある意味当然です。

　そのような場合に備えて、穏便かつ自然な交渉を進めるための後方支援を受けることや、場合によっては中立的な第三者を介して取り決めるなどといったサポートを受けることも有益です。また、婚前契約には離婚後の取り決めだけでなく、婚姻中の生活や、一方が先立たれた場合のケアなど、お互いを想い合った様々な約束を盛り込むことが可能です。安心して素敵な結婚生活を送るために重要な役割を果たすものであるということをお二人がよく認識することが、なによりの出発点かもしれません。

3．婚前契約の作成と締結

a．婚前契約の作成方法

　作成方法に法律上の決まりはありませんが、合意内容を明確にする必要性から、以下2つの方法のなかから選択して締結することになります。

> ・私製証書　当事者間の私製の合意書に署名捺印して作成
> ・公正証書　当事者が公証役場へ出頭して公証人を通して作成

　効力の有効性担保や保全の観点からは公正証書にした方がよいです。
　公証人は、裁判官や検察官出身者が就いていることが多く、公正証書化の際には公平の立場から契約内容を確認されます。

b．婚前契約の内容と無効のリスク

　婚前契約書では、以下の法定財産制（民法760条〜762条）に関する事項のほか、これ以外の結婚生活に関連した様々な事項を定めることができます。

> ・婚姻費用の分担（760条）
> ・日常家事債務の連帯責任（761条）
> ・夫婦間の財産の帰属（762条）

　ただし、次のような内容が含まれると、契約自体が無効と判断されるおそれがありますので注意が必要です。

- 同居・扶助の義務を否定する条項
- 著しく男女不平等を是認する条項
- 日常家事債務の連帯責任を否定する条項
- 一方の申し出により自由に離婚できる旨の条項
- 財産分与額を不当に低く定める条項

c. 婚前契約が無効と判断されたケース

婚前契約が無効と判断されたケースを紹介します。

婚姻前に締結した誓約書について、一方の申し出により自由に離婚できる旨の条項を無効と判断し、仮にそうでないとしても財産分与に関する取り決めは協議離婚のみを想定したものと限定解釈したケース
（東京地判平成15年9月26日 D1-Law.com 判例体系）

この裁判例では、誓約書の財産分与の規定に「協議離婚をした場合は」との文言が用いられていたことと、作成者が協議離婚と裁判離婚の区別を付けられる知識を有していたこと等を根拠として、裁判離婚における誓約書の効力を否定しました。もっとも、この誓約書中の文言上において、裁判離婚時は別の扱いとすることが明記されているわけではありませんでした。こうした解釈が無理のない自然なものと捉えられるかどうかは相当に

疑義のあるところだろうと思います。

d. 遠い将来の万一の可能性を予測し、疑義を抱かせない程度に明確化

このように婚前契約書は、普通の契約実務では見られない特有の論理をもって、無効になってしまったり、解釈を捻じ曲げられるリスクがあります。

特に、婚前契約が必要となる場面は、作成した日から数十年後かもしれません。その間、夫婦間の事情、家族構成、資産やビジネスの状況など、様々なことが変化します。そうした遠い将来の万一の可能性を予測して書面にしなければなりません。例えば、将来に裁判となった場合には、「当事者は契約時点では現在のような事態を予測できておらず、そうした予測し得なかった事実関係や論点については婚前契約の効力が及ばない」などとして、裁判所が公平であると考えた方向での解決を合理的意思解釈論などをもって図ろうとすることがありえます。こうした事態に備えるため、遠い将来の万一の可能性を予測し、疑義を抱かせない程度に明確にする必要があります。そのためには、それぞれの婚前財産、収入状況、資産家としての特性（上場・非上場企業オーナー等）、将来の資産運用、事業計画、今後見込まれる変動等についての十分な理解や予測を前提に作成していかないといけません。

e. 無効のリスクと保全の必要性とのバランスを検討

また、無効のリスクと保全の必要性とのバランスを検討することも重要です。

法定財産制への修正の程度が著しく強度だったり、不公平さが著しいときには婚前契約は無効になってしまう可能性があります。そうしたリスク

をとってなお設計するべきものがあるのか、リスクをとった設計をしたことで保全できたはずのものが保全できなくなるという意味でのリスクの大きさはどの程度のものか、それぞれのリスクを低減するための手当てを講じることはできないかといったことを検討します。

f. 契約締結の段取りにも注意する

また、いざ締結しようという段階でも、無効にならないように注意が必要です。双方の交渉力・理解力の違いを踏まえ、検討期間の十分性、公証役場や第三者立会のもとでの作成など締結時の環境に問題のない状況であったことなどを後に証明しうるようにしておきます。

4．婚前契約の運用方法

まずは、無事に締結することができたら一安心です。

とはいえ、これは婚前契約に限らずあらゆる契約にいえることですが、締結した契約書に期待どおりの効果を求めるためには、契約書の内容を正しく理解し、契約書の内容に沿って運用しなければいけません。

この意味で、婚前契約は現実的に実践できる運用かどうかも検討のうえで作成する必要があります。

契約書に沿った運用が複雑、煩雑に感じる場合は、プライベートバンカーや弁護士、税理士などに協力を要請することも一考です。特に、自分が行っている運用が、婚前契約の内容に沿うものかどうか疑問に思った際には都度確認できる体制があることが望ましいです。

Q17 婚姻後契約の活用

婚姻後契約が対策になるということですが、どのようなものでしょうか？

不可変更性原則には抵触しない限りで、財産分与のルールを取り決めるものです。

1．はじめに

　様々な事情のある夫婦関係においては、たとえ婚姻後であっても（むしろ婚姻後の方が）、財産関係のルールを取り決めたい、明確にしたいと考える場合も多くあるように思います。

　しかし、前記のとおり、民法上の「夫婦財産契約」は、海外の例にならって「婚前契約」（prenup: prenuptial agreement）とも呼ばれるように、婚姻届の提出前でなければ締結できません。

　それでは、結婚後は、財産の取り決めは一切できないか、というとそうではありません。以下に解説していきます。

2．法定財産制とその修正

①法定財産制と不可変更性原則

　現行民法がその締結時期を婚姻前のみと制限している婚前契約（夫婦財産契約）の意義は、婚姻の全期間中において、法定財産制を全部あるいは一部修正する内容を定める合意を指すものとされています。婚姻後は法定

財産制を修正できないという意味で、これを不可変更性の原則ともいいます。

この「法定財産制」は、①婚姻費用の分担（760条）、②日常の家事に関する債務の連帯責任（761条）、③夫婦間における財産の帰属の定め（762条）から成ります。

したがって、これら法定財産制の定めの全部または一部を修正する合意でなければ、不可変更性の原則には抵触しません。

②婚姻後に財産分与のルールを取り決めることは可能か
a. はじめに

この点法定財産制の「修正」が何を意味するかが重要です。例えば、ある特定財産の所有権者の帰属先を確認する場合や、その他財産関係に関わらない夫婦関係の規律を設ける場合などは、不可変更性の原則には抵触しません。

それでは、財産分与のルールを取り決めることはどうでしょうか。

結論からいうと、財産分与についてのルールの取り決めであっても、一定の内容であれば不可変更性原則には抵触しません。結婚後に契約を締結することに、十分な意味をもたせることもできます。

b. 法定財産制を前提にしても、最終的な負担額は一義的に算出されないこと

まず重要な前提は、財産分与の負担額は、一義的に算出されるものではなく、特定（立証）された事実を元に法的評価を踏まえて決められるということです。紛争となれば、前提とすべき事実は何か、正しい法的評価は何かについて、双方主張して争うことになります。紛争が裁判の場に移行

すれば、裁判官が双方の主張を踏まえて判決を下すことで最終的な結論に至ります。前提とすべき事実が何かは双方の主張・立証の問題に関わり、正しい法的評価が何かは法令や過去の裁判例などを参考に裁判官が判断することになります。

　例えば、財産分与の対象とならない特有財産の範囲は、特有財産であることを主張する者が立証責任を負います。しかし、婚姻期間が相当長期に及んでいる場合や、分別管理を意識していなかった場合などには、特有財産の立証責任を果たすことが困難な場合があります（Q14・246ページ参照）。具体的に、夫婦の一方が結婚時に1億円の預金をもっていたという場合を考えてみます。この場合であっても、結婚後相当期間が経過していて、その預金口座にて給与振込や家計にかかる引き落としが行われていたようなときには、この婚前預金1億円全額が特有財産であると立証することは困難を伴うことが通常です。また別の例として、婚前から保有している株式はどうでしょうか。こうした株式は、たとえその時価が離婚時に上がっていたとしても財産分与の対象外とすることが現状の主な考え方です。しかし、異なる判断を示す裁判例が出ないというものではありません。

c.　立証や法的評価の問題を解消するための活用

　このように、法定財産制を前提としても、最終的な負担額がどのような金額となるかには、一定の幅があります。

　こうした立証の問題や法的評価の問題を解消するために、「婚姻後契約」は有効です。すなわち、あくまでも法定財産制を所与のものとしてその解釈を明確化するものであれば、たとえ結婚後のものであっても不可変更性原則に反せず、法的にも有効と考えられますし、離婚等の万が一の事態に生じる財産上のインパクトを一定程度コントロールすることができるとい

う点で、十分に意義があるものです。

3．夫婦間契約の取消権

a．夫婦間契約の取消権の意義

　現行法では婚姻後の夫婦間の契約は取り消すことができるものとされています（民法754条）。取消権の対象となるのは、婚姻中に夫婦間で締結された契約です。その種類や内容には制限がないため、ここでご紹介している婚姻後契約も、原則としては対象になります。

b．取消権が実務上大きな脅威にならないこと

　しかし、この取消権の行使には制限があります。

　まず、条文に記載のあるとおり、取消権は「婚姻中」に限って行使できるものですので、言い換えれば、離婚後は行使できません。また、判例上は、婚姻関係が破綻した状態で締結された契約や、円満な状態で締結された契約のうち、夫婦関係が破綻した後にその取消しが問題となるものについても、取消権が制限されています。すなわち、夫婦間の契約取消権が認められるのは、婚姻関係が円満な状態にある場合に限られます。

　したがって、婚姻関係が破綻した後に締結された婚姻後契約はもちろん、円満な状態で締結された婚姻後契約であっても取消権が行使されずに夫婦関係が破綻した場合には、取り消されることはありません。通常、婚姻後契約の締結後にその内容が問題となるのは、夫婦双方が険悪な状況に陥ったときですから、契約取消権の問題になることは少ないといえます。

　そもそも、夫婦間の契約取消権という制度自体、婚姻関係が円満な状態

では無用の規定です。事実上その存在意義は失われているとされています。このような理由からも、夫婦間での契約取消権については否定的な見方が従来より相当強く、過去の法制審議会では削除が提案されるなどしていました。

c．取消し制度の消滅と、婚姻後契約がより有用なものとされること

　そして、この度の民法改正で取消しの制度は消滅することとなりました（2024年5月17日に成立した「民法等の一部を改正する法律」（令和6年法律第33号。同月24日公布））。

　夫婦間契約取消しの法改正が施行されるのは公布から概ね2年以内とまだ先のことですが、これを受けて婚姻後契約はより有用なものとなるでしょう。

4．婚姻後契約の提案の仕方

　このように、「婚姻後契約」には意義があります。

　とはいえ上記のとおり注意しなければならない法律上のハードルが多く、漫然と作成するとその内容が無効になる可能性が高いです。また、その性質上、相手への伝え方やタイミングによく注意する必要があります。

　夫婦の関係性いかんでは、婚姻後契約の提案をすることで、配偶者が臨戦態勢に入り紛争となってしまう可能性があります。今後も円満な夫婦生活を維持することを目的として提案をするのであれば、そうした誤解を生まぬように第三者を交えて慎重にコミュニケーションを取った方がよいこともあるでしょう。

また、夫婦関係の破綻が懸念されているなかで提案するのであれば、そのまま離婚紛争に発展する可能性もあります。そのような場合には、離婚紛争にも耐えうるよう、専門家とともに事前によく準備したうえで進めていく必要があります。

　紛争解決の行きつくところは裁判ですが、裁判では事実と証拠が結果を左右します。

　こうした事実と証拠について裁判を見据えて十分に整理しておくことが重要です。

Q18 自分名義で財産をもたないこと（名義管理）

 財産を自分の名義でもたないことが対策になるということですが、どのようなものでしょうか？

 自分の名義でもつ必要のない財産は、然るべき者の名義にするなど、財産の名義管理を行うものです。

　財産分与は、一定の基準日時点（多くの場合別居時点）に存在する「夫婦の名義」の財産が対象になります。つまり、そもそも夫婦の名義でなければ財産分与の対象にならないことが原則です。
　そこで、そもそもがファミリー全体にとっての財産という位置付けの財産や個人で得る必要のない収入などは、会社や信託あるいは別のファミリーの財産として残るようにしたり、資産承継や事業承継を順次実施して後継者名義の財産にするといった工夫が有効となる場合もあります。
　ただし、財産分与額を下げることのみを専らの目的として行う詐害的なものや、第三者名義ではあるものの実質的には自分自身がすべて管理でき自分と同一視されてしまうようなものについては、たとえ形式上夫婦の名義でないとしても財産分与の影響が及ぶことは避けられないでしょう。例えば、特段必要もないのに基準日直前で第三者に移転された主要な資産や、幼い子供や資産管理会社名義の資産などには財産分与の影響が及びうるものです。
　このため、名義管理を行う際には、そうした疑いをかけられないように

することも重要です。

Q19 特有財産のための
　　資産管理・収支管理

特有財産の維持対策を意識した資産管理や収支管理が有効であるということですが、どのようなものでしょうか？

裁判実務を意識して、特有財産性の立証のために必要となる記録を得て、適切に財産や収支を管理します。

1．分別管理の徹底

　婚前の財産については、婚前の財産と婚姻後の財産を徹底して分別管理します。資産を共有財産と混ぜないことや生活費に支出しないといったものから、婚前の財産の管理の仕方や費用の支払い方にも注意が必要です。とにかく共有財産と混ぜない、共有財産を婚前財産の維持管理に使わない、ということが重要です。

2．リスク行為が必要となる場合の注意点

　とはいえ、例えば不動産購入資金全額を婚前財産から用意できず、婚前財産で頭金は支払うものの、その後のローン返済は共有財産を使いたいといったように共有財産と混ぜざるを得ない場合もあるでしょう。ほかにも、高額な賃料や生活費などを共有財産たるべき婚姻後の役員報酬からだけでは払いきれずに、婚前財産からそうした生活費を支出しないといけないこ

ともあるでしょう。

　こうしたリスク行為をする際には一層の厳密な分別管理の意識が重要です。例えば、婚前財産の口座から、生活費を支払うためのカード引き落とし口座に送金する前に、別の第三の口座を経由させることで、婚前財産の口座全体が共有財産と評価されてしまうリスクに一定備えることが考えられます。また、ローン返済など資産形成に直結する支払いは婚前財産から行い、仲介手数料、登記手数料や固定資産税の支払いといったような実費の支払いは共有財産から行うといったことも一定の意味があると思われます。

3．定期的に立証環境を整理する

　また、徹底して分別管理してきたとしても、立証に穴があれば婚前の財産が共有財産と認定されてしまうリスクがあります。そうならないように資料を整理しておく必要もあります。例えば、銀行の取引履歴など保存期間があるものは、後になって取得が困難となってしまうため注意が必要です。また、記録に残らないものは関係者の陳述書や間接証拠、補助証拠といった周辺資料の整理を含め別途の手当てが必要になります。関係者とは疎遠になったり死亡するなどして後からでは協力を得られないこともありますので、こちらも時期には注意が必要です。

4．資産・事業承継の際の注意点

　贈与や相続等の資産承継・事業承継にあたって取得した財産の特有財産性が認められるためには、その承継方法がどのようなものであったかが重

要となります。特にそれを無償でするか有償でするかが重要です。婚前の財産と同じく立証環境を整理することも重要であり、財産取得にあたっての契約書や資金の流れを整理する必要があります。また、資産承継にあたっての当事者の関与記録、会社の議事録や関連資料なども含め整理する必要があります。

　特有財産性を維持したい場合には、無償での取得であり、その贈与税も贈与財産から支出したことなどを贈与契約書や贈与税申告書といった主要な資料はもちろん、関連する議事録ややりとりの資料などの間接的な資料も作成し、整理しておきましょう。

Q20 ファミリーガバナンスの活用

婚前契約などの個別の仕組み以外に、財産分与対策として考えられるものはありますか？

ファミリーガバナンスの仕組みが活用できます。特に、信託・ファミリーオフィスやファミリーガバナンス契約は活用できる場合があります。

1．ファミリーガバナンスの全体的な取り組みの意義

　婚前契約、婚姻後契約、名義管理や特有財産の維持対策はまさに離婚・財産分与リスクのための取り組みですからその効果は大きいものです。

　そして、離婚・財産分与リスクもファミリーリスクの一つですから、ファミリーガバナンスの仕組みもリスク対策になります。

2．ファミリーオフィスの活用

　信託やファミリーオフィスでは、配偶者への財産流出が問題になるときにはその財産的価値が没収される、あるいはその財産の内容がガバナンス上問題のないものへと変容する、といった仕組みを活用できる場合があります。ただし、その内容が家族法の論理に著しく抵触する場合には、取り組みの法的効果が少なくとも離婚事件のうえでは否定されたり、限定されたりする恐れがあります。例えば、離婚時にはその受益権が消滅するといっ

た内容が信託契約上定められており、これをもって財産分与に備えようとしても、それが家族法の論理に著しく抵触する場合には、その財産は消滅せず引き続き残存すると仮定して財産分与額が決められてしまったり、「一切の事情」として考慮され財産分与割合において不利な判断がなされてしまうといった恐れがあります。

このため、家族の問題に直接関連する財産分与リスクにガバナンスを及ぼそうとするときには、それが無効とならないように注意して設計しなければいけません。契約法理や信託法などを考慮することももちろん重要なのですが、それのみでは不十分です。

3．ファミリーガバナンス契約の活用

また、ファミリーガバナンス契約は、特に株式をめぐる処分への規律を通して、財産分与請求権の行使やその判断についてインパクトを抑えることができます。例えば、株式を処分してはならない、金銭化できるものとして扱ってはならないといった内容のファミリーガバナンス契約に、配偶者にもファミリーとしてサインしてもらうことで、株式の扱いをめぐる財産分与の論点が消滅する場合がありえます。

4．ファミリー憲章やファミリー会議体の活用

そのほか、その配偶者との間の子が後継者になろうとする場合、その子が将来は代表となる会社に大きな支障を与えるような結果を避けるべく、会社や株式の問題は取り除いて離婚手続きを進める方向で合意できることもあります。つまり、親同士として、子供のためにならないことはやめよ

う、と合意することです。こうした取り組みは、ファミリーガバナンスの仕組みや精神、会社を引き継ぐことの意味や重要性が配偶者に理解されているからこそなし得るものです。その点で精神的な最高規程であるファミリー憲章や、これを浸透させるためのファミリー会議体の運営など配偶者とのファミリーガバナンスのコミュニケーションを日頃より充実させておくことには意義があるでしょう。

第5節

後継者の
暴走・脱落・不在のリスク

[関連する当事者のイメージ]
・ファミリー内の後継者への引き継ぎを検討している方
・会社(資産管理会社含む)に、少数株主がいる方
・会社(資産管理会社含む)を、複数のファミリーで運営している方
・一枚岩ではない株主がいる方

Q21 後継者の暴走・脱落・不在のリスクと対策

後継者の暴走・脱落・不在のリスクとはどのようなものですか？　どのように対策すればよいでしょうか？

後継者として指定されたファミリーが、その職権を濫用したり私物化するなどして暴走したり、後継者となることを諦めて交付した株式の有償買い取りを求めてくるといったリスクがあります。対策にあたっては、そもそものリスクを予防するため規範意識の醸成やファミリーからの支援環境を整備することが重要です。収拾がつかなくなる事態に備えてファミリーガバナンスをはじめとする法的仕組みも用意します。特に、株式を移転する際の契約書中に解除原因条項を設定しておくことはガバナンス上重要です。

1．後継者の暴走・脱落・不在のリスクの意義

　後継者に株式を移管したものの、横領、職権濫用等会社を私物化され、会社価値が毀損してしまう場合があります。次世代の後継者を選定せずに世代交代ができない状態となってしまったり、禁じ手の第三者への会社売却(M&A)がされて将来にわたるファミリーの資産の源泉が消滅してしまうといったことがあります。いわゆる暴走リスクです。

　ほかにもうまく引き継げず会社から離脱してしまうことで、後継者不在

の問題だけでなく、贈与した株式をめぐってトラブルになることもあります。いわゆる脱落リスクです。

　暴走リスクや脱落リスクが生じる際には、後継者に交付した株式を有償で買い取るよう請求されてファミリーや会社にキャッシュアウトが生じ、多額の経済的負担が発生したり、他の株主の協力等も得てクーデターを起こされて会社の支配やガバナンスに問題が発生する恐れもあります。少数株主リスク（Ｑ２・201ページ参照）と似てはいるのですが、後継者の場合には移管されている株式数が多い場合もあり、そのリスクの影響は少数株主リスクのものとは比較にならないほど大きなものであることもあります。

2．後継者リスクへの対策

　暴走リスクを防ぐには後継者の規範意識の醸成や、ファミリーの代表としての自覚形成が重要です。その点でファミリー憲章、ファミリー会議体の運営は重要です。

　無断の会社売却等予期しうる暴走リスクは法的な仕組みとしても予防します。その点でファミリーガバナンス契約、株主間契約・種類株式、信託・ファミリーオフィスが活用できます。

　脱落リスクについてはファミリー全体が後継者を支援し、安心して職責を果たせる環境を整え、交付した株式をめぐって紛争になることのないように工夫する必要があります。そのためにもファミリー憲章やファミリー会議は役に立つでしょう。

　いずれのリスクについても、収拾がつかなくなった場合には、後継者の地位や株式を剥奪するなどして抜本的に解決してしまうことになります。

しかし、既に渡してしまった株式を取り返すことは難しいものです。たとえ無償の贈与であっても同様です。

　このため、万一の事態が生じて取り返さなければならなくなった場合への備えが重要になりますが、その備えのなかでも生前贈与など株式移転に係る契約書中に解除原因条項を設定しておくこと (Q22・277ページ参照) や、株主間契約、種類株の活用が有益です。また、ファミリー憲章、ファミリー会議体の運営、ファミリーガバナンス契約や、信託・ファミリーオフィスも活用できることは前記のとおりです。また、事業会社の株式を渡すと少数株主対応を含むガバナンス問題が経営に直接影響してしまうので、ホールディングス会社（持株会社）を設けてそこの株式を渡すということも、少なくとも直接的には経営権の問題に直結しないので万一の際には防衛ラインとして機能する場合があります。

Q22 株式の強制没収

 問題のある後継者から株式を没収できないでしょうか？

 契約の解除・取消しやスクイーズアウトが可能である場合や、あらかじめ取り上げる権利が設定されている場合には一方的に没収できます。

　事業承継の文脈では株式移転は贈与で行われることが多いです。

　しかし、たとえ贈与でも、一度渡したものは法的理由がなければ取り戻すことはできません。そこで、「法的理由」を得るための工夫が必要となります。

　贈与した株式を没収できる主な法的構成には、以下のような場合があります。

・生前贈与契約を解除できる場合
・生前贈与契約を取り消すことができる場合
・生前贈与契約が無効・不存在である場合
・スクイーズアウトできる場合
・生前贈与した株式を強制的に取得する権限が贈与者あるいは会社に留保されている場合　など

1．生前贈与契約の解除

①生前贈与の解除権行使

　生前贈与が負担付である場合（例えば後継者に就任することといった負担がついている場合など）にこれが満たされていないことや、生前贈与契約において禁止行為を定めていてこれに抵触したことなどを理由として、約定解除権または法定解除権を行使するものです。

　解除すれば贈与はなかったことになり、株式を無償で取り戻すことができます。

②納付済みの贈与税の更正請求

　この場合、国税庁の解釈通達「名義変更等が行われた後にその取消し等があった場合の贈与税の取扱いについて」に基づき、贈与税の更正請求を行うことで納税済みの贈与税を取り戻せないか検討します。本件の更正請求は「当該理由が生じた日の翌日から起算して2ヶ月以内」にしなければなりません（国税通則法23条2項3号、国税通則法施行令6条）。期間が短いため注意が必要です。

　解除権留保付の贈与契約において贈与税の更正請求を認めた国税不服審判所の裁決事例も公表されています（例えば昭和61年2月27日裁決（裁決事例集No.31―1頁））が、しかし実際にはこれができるのは相当ハードルが高いものではある点に注意が必要です。

③生前贈与契約にはガバナンスの意識が不可欠

　生前贈与契約では、実際のところこうした負担・条件が定められていないことがほとんどです。それは、後継者候補を信頼していたからということも大きな理由と思われますが、法技術的には経営者が死亡して相続が発

生した後、生前贈与したはずの株式が税務上否認されて経営者の名義資産と評価され、相続税が及ぶことを避けようとすることも理由となります。つまり、確実に贈与されてもう経営者の元には戻ってこない、という体裁を明らかにすることで税務リスクを下げようという考えです。実際に広く用いられている生前贈与契約書の内容は極めて簡素で雛形的なものばかりです。

　もし贈与契約書がこうした体裁になっている場合に解除しようとすると、契約書の文言外の事情で契約の趣旨（当事者の合理的意思）を解釈して、負担の有無や債務不履行原因を解釈して解除の可否を検討することになりますが（負担付贈与と認定して解除を認めた原審を是認した最判昭和53年2月17日判タ360号143頁参照）、こうした解釈をすることは容易なものではありません。

　生前贈与契約には法的観点も踏まえたガバナンスの意識が不可欠です。

2．忘恩行為による生前贈与契約の解除

　以上のほか、「忘恩行為」がある場合は、例外的に解除ができる余地があります（信義則や条理を根拠に既履行の贈与の撤回を認めた裁判例として、東京地判昭和50年12月25日判時819号54頁、大阪地判平成元年4月20日判時1326号139頁など）。

　この場合も贈与はなかったことになり、株式を無償で取り戻すことができます。納税済みの贈与税について更正請求をして取り戻すことも検討します。

　こうした忘恩行為と呼べるような事情がある場合には解除が認められる可能性はありますが、やはり適用は相当に例外的です。

3. あらかじめ取得条項・売渡請求権が設定されている場合

　贈与した株式が取得条項付株式である場合や、生前贈与時に株主間契約書やファミリーガバナンス契約書を交わしている場合であれば、仮に贈与そのものが解除、取消し等されなくても一方的に取得できる場合があります。

　ただし、その場合には所定の対価の支払いが必要となる場合があります。

　価格について何ら手当てしていない場合には時価で買い取らなければなりません。それは必ずしも相続税法上の時価や法人税法上の時価ではありません。取引上の時価である場合もあります。そしてそれは買取時点で評価されますから値上がりしている場合などにはさらに相当額のキャッシュアウトが生じます。

4. スクイーズアウト

　持株比率等によっては、スクイーズアウトによって一方的に取得できる場合もありえます。スクイーズアウトの方法として特別支配株主の株式等売渡請求を用いる場合は議決権の90％、株式併合や全部取得条項付種類株式を利用して行う場合は議決権の3分の2を保有している必要があります。ただし、この場合には価格についての手当てのしようがないので、時価で買い取らなければなりません。

5. 任意の買取交渉

　以上のような状況にない場合には、一方的に取得することは困難です。この場合には、任意交渉で取得することを試みます。

その交渉では価格の交渉が避けられません。

あるべき価格の理論的検討や裁判実務を踏まえて交渉が行われますが、課税関係も重要なポイントとなります。例えば、発行法人の事業会社にて自社株買いとする場合にはみなし配当課税が生じるので後継者候補に負担が大きくなります。そこで発行法人以外の第三者を買取人として用意できないかも交渉上重要なポイントとなります。

もし価格に折り合いがつかなければ交渉での取得を断念せざるを得ない場合もあります。

この場合のその後の会社の運営についてはある種敵対的な株主が存在する状態になりますので、こうした敵対的な株主対応が欠かせません（Q2・201ページ参照）。

第6節

子孫の配偶者側に資産が流出するリスク

[関連する当事者のイメージ]
・ファミリーの資産はファミリーのためのものである(結婚相手側のためのものではない)と思っている方
・ファミリーが婚姻しようとしている方

第6節　子孫の配偶者側に資産が流出するリスク　　283

Q23　資産流出リスクと対策

 ファミリーの資産流出リスクとはどういうものですか？

 ファミリーでない者に主要な資産や株式が移転することでファミリーガバナンスに支障が生じるリスクです。その配偶者がファミリーに敵対的である場合には裁判手続きに発展するなど深刻な事態になることもあります。対策には信託・ファミリーオフィスでの管理が効果的です。

1．ファミリーの資産流出リスクの意義

　子孫の離婚、死亡、あるいは生前贈与などによって、配偶者側にファミリーの資産が流出する場合があります。
　ファミリーと定義しない者に資産や株式が流出することによってファミリーの資産の減少や会社運営に支障が生じるとファミリーガバナンスにも支障が生じる場合があります。特にその配偶者がファミリーに敵対的である場合、ファミリーガバナンスへの支障は深刻なものとなる可能性があります。

2．資産流出リスクの対策

　資産流出リスクの対策には、婚前契約（Q16・253ページ参照）、婚姻

後契約（Q17・259ページ参照）も役に立ちます。しかし、これらは本人の意図に反して流出する事態を防止する仕組みです。遺言も同様です。

　したがって、これらはその本人がその意図に基づいて積極的に財産を流出させようとすることまでは阻止できません。婚前契約や婚姻後契約は当事者の任意の財産移転を禁止するものではなく、遺言もいつでも撤回できるものだからです。

　そこで、そうした本人の意図による積極的な財産流出すらも防ごうと考える際には、前記のとおり主要な資産を信託・ファミリーオフィスで管理してその本人の管理権限を制限したり、ファミリーガバナンス契約などをもって法的な制限をかけておくことが効果的です。

　また、そもそも意図的な財産流出の動機を形成させないことも大事です。強制するまでもなく財産流出がないといった状態が理想的です。その点で前記のとおりファミリー憲章やファミリー会議体の運営が有用です。

　また、次のQ24・285ページのとおり法教育プログラムも効果的です。

Q24 法教育プログラム・法務版人間ドック

法教育プログラムが対策になるということですが、どのようなものでしょうか？

ファミリーの自発的なリスク管理力を高め、各自の自覚に基づいた柔軟で強固なガバナンス構築を試みる学習プログラムです。トップ主導での規律の難しい身分行為リスクについて特に効果があります。

1．法教育プログラム

　法教育プログラムとは、主としてファミリーの利益に反する身分行為の防止、これによる子孫の保護を目的とし、将来生じうる事象とその備えをあらかじめファミリーにインプットすることで、転ばぬ先の杖をもってもらう取り組みです。

　リスクに対して自ら適切な行動を取れることはとても重要です。

　トップ主導で行う諸手続きでの対応に限界があり、本人が意識的に対応しなければ実効性が半減しかねない事項について、特に意義があります。例えば身分行為です。離婚に伴う財産分与が与える影響は時にとても大きなものとなりますが（Q14・246ページ参照）、ファミリーがいざ交際相手との結婚を具体的に考えるに至った時点になって初めて、リスクの大きさ、慎重になってほしいことや婚前契約の必要性を伝えても、「離婚などしない」「するとしても問題になるような相手ではない」などとして聞き

入れてもらえないといった事態が起こりえます。

　また、そもそもどのような相手と入籍するか（またはしてはいけないか）、養子縁組してよいかなどは、ファミリートップ主導で行う諸手続きでは、公序良俗に反し無効となってしまい直接に規律することはできません。

　そこで、ファミリー会議の一環としてこうした法教育プログラムを取り入れ、ファミリー各自の自覚に基づいた柔軟で強固なガバナンス構築を試みます。

2．法務版人間ドック

　なお、法教育プログラムは、ファミリーのメンバー、特に子孫や後継者候補向けのものです。その趣旨は上記のとおりですが、この趣旨はトップにとっても重要です。築き上げたものが大きいほど、問題発生時のインパクトも大きくなってしまいます。

　病気と同じで、早期発見と治療が何より大事です。そして自分に起こりうるリスクを知ることでそもそも問題を回避することも可能になります。いわば人間ドックの法務版のイメージです。

　主要なリスクの有無やその対策案程度であれば数時間程度で特定できてしまうものですが、その効果はときに絶大なものです。

　ファミリーガバナンスを意識されるような資産家の方々はこうした今と未来の法務リスクの総点検をお勧めします。

参考文献（順不同）

・著：ジョン・A・デーヴィス、ケリン・E・ガーシック、マリオン・マッカラム・ハンプトン、アイヴァン・ランズバーグ　監訳：岡田康司　訳：犬飼みずほ『オーナー経営の存続と継承 15年を越える実地調査が解き明かすオーナー企業の発展法則とその実践経営』（流通科学大学出版、1999年）

・厚生労働省「令和4年（2022）人口動態統計月報年計（概数）の概況」

・著：大場昌晴『相続・事業承継ビジネスに携わる方のための営業トーク集100+α 改訂版』（きんざい、2019年）

・国税庁「非上場株式等についての贈与税・相続税の納税猶予・免除（法人版事業承継税制）のあらまし」

・著：辻・本郷 税理士法人『事業承継の安心手引 2024年度版』（アール・シップ、2024年）

・国税庁「個人の事業用資産についての贈与税・相続税の納税猶予・免除（個人版事業承継税制）のあらまし」

・法務局「配偶者居住権とは」

・編著：辻・本郷 税理士法人『相続これで安心 12訂版』（東峰書房、2024年）

・編：松田貴司『財産評価基本通達逐条解説　令和5年版』（大蔵財務協会、2023年）

・編著：木俣貴光 税務監修：松島一秋『持株会社・グループ組織再編・M&Aを活用した事業承継スキーム』（中央経済社、2016年）

- 国税庁「タックスアンサー No.5281 寄附金の範囲と損金不算入額の計算」

- 地方創生推進事務局「企業版ふるさと納税ポータルサイト」

- 国税庁「タックスアンサー No.4141 相続財産を公益法人などに寄附したとき」

- 財務省「受取配当等の益金不算入制度の概要」

- 辻・本郷 税理士法人「税務トピックス」

- 編著:辻・本郷 税理士法人『令和5年度税制改正小冊子』

辻・本郷 税理士法人

平成14年4月設立。東京新宿に本部を置き、日本国内に90以上の拠点、海外7拠点をもつ国内最大規模を誇る税理士法人。
税務コンサルティング、相続、事業承継、医療、M&A、企業再生、公益法人、移転価格、国際税務など各税務分野に専門特化したプロ集団。
弁護士、不動産鑑定士、司法書士との連携により顧客の立場に立ったワンストップサービスと、あらゆるニーズに応える総合力をもって多岐にわたる業務展開をしている。

https://www.ht-tax.or.jp/

辻・本郷 ファミリーオフィス株式会社

日本最大手の税理士法人である辻・本郷 税理士法人をバックボーンとして、資産の運用のみならず、その管理や承継についても税務的・法務的視点から総合的にアドバイス。一族の暮らしに寄り添い教育・医療・趣味・信用・名声といった無形資産も含めた包括的なサポートを提供している。

[主なサービス内容]
01. ファミリーオフィスの運営に関するコンサルティング業務
02. 資産承継及び事業承継に関するコンサルティング業務
03. 海外財産の承継に関するコンサルティング業務
04. 民事信託、遺言、成年後見制度に関する相談、助言等の支援業務
05. 財産の管理・保全に関する業務
06. 公益法人等への寄付に関する相談、助言等の支援業務

https://th-familyoffice.jp/

岩崎総合法律事務所　代表弁護士　岩崎隼人

岩崎総合法律事務所を平成30年設立
シニアプライベートバンカー
日本プライベートトラスト財団評議員
その他事業会社の社外取締役等歴任

証券会社等の金融機関PB部の社員や、ファイナンシャルプランナー資格及びプライベートバンカー資格等の金融系資格運営団体が主催する会員向け講座などにて、ファミリーガバナンス活用方法等のセミナーも行っている。

[主な著書]
『富裕層の法務 ファミリー・資産・事業・経営者報酬の知識と実務』（日本法令、2022年、単著）
『株式報酬をめぐるトラブルの予防・解決の実務Q&A　—ストック・オプション リストリクテッド・ストック パフォーマンス・シェア』（日本法令、2024年、単著）

[主なサービス内容]
岩崎総合法律事務所"Legal Prime®"では、富裕層ならではの資産や収入の課題をクリアにし、叶えたい人生や目標の実現に向けて法務サービスを提供している。

01. 離婚問題、婚前契約支援
02. 資産・事業承継支援、トラブル対応
03. 少数株主対策
04. 支配権争い
05. M&A
06. 投資支援（エンジェル投資、航空機投資等）
07. 資産管理・保全（債権管理・回収等）
08. 社会貢献・フィランソロピー支援（財団等）
09. その他コンサルティング（法教育、海外移住支援等）

https://law-iwasaki.jp/legal_prime/

資産家のためのファミリーガバナンスガイドブック
～相続・事業承継・資産運用・ファミリーオフィス～

2025年1月15日 初版第1刷発行

編著	辻・本郷 税理士法人　ファミリーオフィス事業部
	辻・本郷 ファミリーオフィス株式会社
	岩崎総合法律事務所　代表弁護士　岩崎 隼人
発行者	鏡渕 敬
発行所	株式会社 東峰書房
	〒160-0022　東京都新宿区新宿4-2-20
	電話 03-3261-3136
	FAX 03-6682-5979
	https://tohoshobo.info/
装丁	髙橋利奈
デザイン	小谷中一愛
印刷・製本	株式会社シナノパブリッシングプレス

©Hongo Tsuji Tax & Consulting, Hongo Tsuji Family Office Co., Ltd., Hayato Iwasaki 2025
ISBN 978-4-88592-236-7
Printed in Japan